Estamos a tiempo

de transformar nuestra vida...

Carlos J. Santiago, Ph.D.

Psicólogo

ISBN 978-0-9911549-0-6
Impreso en los Estados Unidos de América

Para obtener copias del libro, o invitarlo a dar conferencias y seminarios, se puede comunicar con el Dr. Carlos J. Santiago por teléfono, **787-755-5441**, **787-296-5441**, **787-319-5441**; escribir a **csantiago@santiagoassociates.com** o visitar **www.idmgroup.us**

Además, puede buscarlo en los medios sociales:
Facebook: **Carlos Javier Santiago, PhD**
Twitter: **@drcarlosantiago**
Blog: **http://idmgroup.blogspot.com**

DEDICATORIA

Dedico esta obra a mi Señor Jesús quien por ser el modelo de maestro perfecto inspira en mí el deseo de comunicarle a todo aquel o aquella que tiene deseo genuino de aprender, mis mejores ideas, sueños y enseñanzas. A mis padres, Pedro Santiago Morales e Iris Alicea González, por ser los gestores del amor desde mi niñez y haber sido los sembradores de la semilla manifestada en los valores fundamentales que dan sentido a cada uno de los manifiestos de este libro.

AGRADECIMIENTOS

A mis hermanos, Pedro, Jorge y Nelson, que de una forma u otra han motivado en mí el ver a todos los que me rodean en una forma de hermandad especial pues ser su hermano me enseña a ver en otros lo hermoso de las relaciones humanas y fue con ellos con quienes, por primera vez, practiqué la hermandad. A Judith Rosario por siempre creer en mi potencial y amar mis contradicciones, a Grace Rodríguez por siempre tener una palabra de aliento y no renunciar a ser mi mentora de por vida. A Vanessa Rodríguez por siempre estar presente, por su apoyo y por su motivación continua en los momentos en que pensé claudicar. A Sixto George y Karlo Cabrera por creer en mi talento y darme la oportunidad de difundir mis inquietudes. A El Vocero de Puerto Rico por la oportunidad de publicar mis ideas resumidas en mis columnas.

ÍNDICE

Prólogo   11
Introducción   13

Mejoramiento personal
Cambia tú y todo cambia contigo   19
Cuerpo sin alma   25
Es más fácil   29
¡Se acabaron las excusas!   33
Cuatro principios para una vida transformada   37
¡Cómo gira la rueda!   41
¡Hacia puerto seguro!   45
La soledad del alma no es una opción   49
Tu actitud hace la diferencia   53
Boleto de ida   57

Valores
Así se construye la conciencia   63
El precio de la ignorancia   67
Un milagro en la vejez   71
El valor de ser humano   75
Más que las gracias   79

Amor al prójimo
No perdamos la esperanza   85
Vivir la paz   89
¡A dónde vamos a llegar!   93
Un gesto que une a la humanidad   97
Toca una vida   101
¿Qué te trajo aquí?   105
¡Vivir tras la sombra!   109

Amor de pareja
¡Cómo duele perderte!   115
¡No se puede obligar el amor!   119
¡Cuidado con las relaciones tóxicas!   123

Razones para seguir, excusas para terminar 127
Olvidé que estabas ahí 131
¡Ser bueno no es suficiente! 135
¡Sexo y lágrimas! 139

Divorcio
El divorcio: una experiencia que reta al corazón 145
¡No es estar juntos! 149
Hasta que la muerte nos separe 153

Dios y la espiritualidad
Cuando el alma grita 159
¿Libre de pecado? 163
¡Así como el cirineo! 167
¡Más que una oración! 171

Las madres y los padres
No debo ser tu amigo 177
Ayúdame a ser como tú 181
No tienen que ser perfectos 185
¿Qué estás esperando? 189
Se nos van de las manos 193
El amor encarnado en mujer 197
El macho no nace, se hace 201
Huérfanos de padres vivos 205

Luz para la conciencia
El grito de un planeta 211
El mejor regalo 215
Hermanos por siempre 219
¿Debemos pedir perdón antes que pedir permiso? 223
Decisiones que marcan 227
¡No esperes a que sea muy tarde! 231
No pidas si no das 235
El precio de alcanzar tu sueño 239

Sobre el autor 241

PRÓLOGO

de Gricélidys (Grace) Rodríguez, Ph.D.

Las abejas solo trabajan en la oscuridad; el pensamiento trabaja en el silencio y la virtud en el secreto.

—Maurice Maeterlinck, 1706-1790

Morejón Soler (2010) mencionó que el hombre virtuoso mantiene su forma de pensar aunque difiera de la opinión pública, pero fácilmente cambia su opinión cuando se percata de que cometió un error. De igual forma es el hombre que les describo a continuación. Piensa con claridad y habla con inteligencia. Se sostiene en que el pasado ya es un hecho y que el presente es lo importante porque el futuro es incierto. Siempre tiene tiempo para atender a todo el que lo necesite. No desprecia a ningún ser humano. Tiene mente de hombre y corazón de niño. Está dispuesto a aprender aun de los más humildes y sencillos. Tan feliz se siente hablando sobre prevención del cáncer a un grupo de mujeres humildes y sencillas invitado por un supermercado de barrio como en un hotel de lujo junto a John Maxwell, el máximo exponente hoy día del tema de liderazgo.

En cierto modo lo comparo con algunos de los hombres que se mencionan en la Biblia que considero hombres virtuosos, tales como David por tener un corazón sincero y sencillo, que usa la sabiduría como Salomón, enfrenta sus miedos y actúa con valentía como Gedeón. Como Josué, es líder y se esfuerza en su trabajo al presidir una empresa con oficinas en San Juan y Ponce. Todo cuanto hace prospera como David. Tenaz como Jacob. Confía en Dios independientemente de las circunstancias que ocurran en su vida o a su alrededor como Abraham y Job. Igual que Pablo, ve a la mujer como una gran ayuda idónea. Buen amigo y fiel como

Jonathan y David. Como José, en ocasiones vive cierto aislamiento, pero no indiferente porque ama, sufre, piensa en sus familiares y semejantes, se preocupa y reflexiona sobre lo que está ocurriendo en su pueblo. Como Jetro, José y Daniel sabe dar buenos consejos; de ahí que decidiera publicar sus reflexiones con el título de su lema: *Estamos a Tiempo*. Me refiero a un puertorriqueño, hijo de maestros y criado bajo las alas de padres cristianos, el doctor Carlos Javier Santiago Alicea a quien considero un hombre virtuoso.

Desde muy joven se destacó como músico, compositor, arreglista y cantante. Muchos nos hemos deleitado en Puerto Rico con las canciones de Carlos Santiago y SEGARÉ. Unos lo conocen como el cantante de la orquesta de Pedrito Rivera Toledo, otros como conferenciante ('coach'), otros como el Psicólogo Dr. Santiago en "Hablemos de Vida" por WAPA TV y WAPA América o como el responsable del segmento especial "Estamos a Tiempo" en un programa semanal de la radio en Puerto Rico.

El Dr. Carlos J. Santiago posee una maestría y un doctorado del Programa Graduado de la Escuela de Psicología del Recinto Metropolitano de la Universidad Interamericana de Puerto Rico, donde tuve el honor de tenerlo como estudiante desde sus comienzos en el área de la Psicología. Comprometido y tenaz; uno de mis mejores estudiantes. Cuando recibió el grado de doctor le expresé: "te dejo frente a la puerta del éxito en esta etapa de tu vida". Hoy le expreso lo mismo en esta faceta como escritor.

El hombre es virtuoso cuando su voluntad ha adquirido el hábito de actuar rectamente.

—Aristóteles

Introducción

En esta obra, encontrarás 52 oportunidades para llevar a cabo un análisis introspectivo profundo sobre algunas áreas de tu vida que posiblemente han estado olvidadas o guardadas muy profundamente en el cajón de tus recuerdos. Te invito a que leas y analices una por semana. No te conformes con simplemente leerla, mírala desde la perspectiva de cambio personal. Léelas varias veces y te aseguro encontrarás cada vez una nueva forma de aplicación útil para tu vida. Imagina que estoy a tu lado platicándote y luego esa plática se convertirá en un diálogo interior profundo y verás que no descansarás hasta haber hecho tuya la idea en su totalidad. Son varias maneras de conceptualizar algunos aspectos de la realidad del diario vivir desde mi punto de vista. No pretendo que estés de acuerdo con mis planteamientos, más bien que puedas tener una perspectiva de una persona que por los pasados 15 años ha compartido con sobre 500,000 personas por medio de mis conferencias, consultas y muchos tipos de intervenciones.

Este compendio encierra varias reflexiones de temas cotidianos que de la misma manera natural y espontánea en que fluyen en mi mente, así mismo, las comparto. Es la invitación a un diálogo interno contigo mismo/a. Es esa chispa que encenderá en tu interior el deseo de una reflexión más profunda y que lo único que pretende es, en efecto, provocar la necesidad de búsqueda en ti. No es un libro para llegar a conclusiones, es uno para despertar tu capacidad de analizar algunas áreas de la vida que, por mi experiencia, tantas personas han dado importancia y que, en efecto, tienen la razón en dársela.

Estamos a Tiempo para detenernos y retomar las riendas de nuestra vida, de nuestros pensamientos y de nuestra manera de ser. Es como cuando nos extraviamos, nos detenemos y buscamos nuestro Sistema de Posicionamiento

Global interno para volver a la ruta más útil para nosotros. Es mi deseo verdadero que esta pieza sirva de motivación para despertar tu ser, si está dormido/a. Ven y descubre por ti mismo/a que en realidad *Estamos a Tiempo*.

Gracias, Dios, por inspirar en mí la necesidad de servir a mi prójimo, por inspirar mi musa a descubrir su capacidad de comunicar en amor y claridad.

Mejoramiento personal

¿Por qué nos cuesta tanto entender que somos instrumento para el cambio y que nuestras acciones transforman o destruyen según nuestra más profunda intención?

Carlos J. Santiago

Si tan solo pudiéramos darnos cuenta que no importa el escenario, somos actores y actrices de una gran obra de arte que se llama "vivir" y al darle verdadero sentido a nuestras interacciones humanas damos a su vez dirección a un país que pide urgentemente de personas que no tengan que pensar dos veces para ser buenos, que no se abochornen por hacer el bien y que no se arrepientan de hacer lo correcto por sentirse tontos al haber optado por lo correcto. Ser un agente de cambio es dar el paso, asumir la responsabilidad de orientar al confundido, guiar al ciego de espíritu, prestarle oídos al sordo y modelar el comportamiento de un ser en continuo proceso de mejoramiento personal, profesional y espiritual.

Los agentes de cambio son personas valientes, de corazón noble y luchador, que levanten sin temor la bandera del amor como baluarte y signo de la unidad de un pueblo.

Es el padre o la madre quien con su ejemplo amoroso inspira a sus hijos a seguir sus pasos. Es el maestro o la maestra quien con su vocación motiva en sus estudiantes la excelencia académica y la entrega a su llamado vocacional, es el policía que orienta al ciudadano amablemente en su error para evitar infracciones futuras y accidentes, es el hermano mayor que comparte con los menores su aprendizaje doloroso por ser el primero. Es el patrono comprensible que pide efectividad laboral sin perder su calidad humana al administrar su autoridad. Es el empleado fiel y abnegado que pide respetuosamente un trato equitativo y justo pues conoce la diferencia entre el deber y sus derechos. Y así, tantos otros ejemplos que podría incluir para mostrar un verdadero líder o lideresa ciudadano/a que promueva el cambio social que merecemos por ser hijos de esta tierra.

Ahora bien, no es suficiente desearlo, hay que ponerlo en

práctica inmediatamente, por lo que te invito a visualizarlo tal como yo lo imagino:

- Reconoce el valor del otro, de esta manera reconocerán el tuyo. Como ser humano tienes el potencial de hacer cosas poderosas, lo que ocurre es que gran parte del tiempo no crees en ti ni en lo que posees y quien no cree, no verá.

- No menosprecies la capacidad del otro y utilízala a tu favor. Cuando veas que los que te rodean tienen tanto para darte como tú a ellos comenzará el intercambio de talentos que genera la acción de tomar la dirección correcta hacia la manifestación de cada cual en su máximo potencial. Mientras estés tu primero/a solo habrá parálisis, pues tú solo/a no generas cambio, necesitas de quien está a tu lado. Te desarrollas desarrollando a otros, te inspirarás inspirando a otros, te transformarás para transformar a otros.

- Motiva a los demás a formar parte de tus iniciativas de cambio (social, familiar o laboral). La forma más poderosa de motivar es actuar pues quien observa tiene el modelo que le generará el pensamiento de que sí es posible lograr algo especial. Si ves a alguien reír, podría generar en ti la risa; si ves a alguien ayudar, podrías aprender a hacer lo mismo. Es poderoso el acto de modelar a otros pues llega a ser una manera de influencia que marca a muchos simultáneamente.

- Vive con pasión y dirección, es la manera verdadera de lograr el cambio en ti y en los que te rodean. Vivir con pasión es vivir con un sentido poderoso, es dar significado a tu existencia. La pasión es como el néctar para las flores, mientras más pasión pones, más personas vendrán a beber de ti y ahí comienza la polinización espiritual de todo tu entorno. Cuando tienes este gran motivo surge en tu ser una brújula la cual llamo "la intuición natural hacia el éxito".

- Elimina de tu vida el juicio y la crítica, te sentirás y harás sentir liberado a los que te rodean. Nacemos en juicio y por él creemos que tenemos derecho a corregir a todos por todo lo que no es compatible con nuestros criterios. Pero, ¿qué te hace pensar que tienes el derecho de criticar y juzgar la voluntad de otros? ¿Quién te engañó al decirte que tú tienes la razón y el otro no? Juzgar es uno de los primeros pasos hacia la pérdida de la oportunidad del conocimiento. No estar de acuerdo es parte de la manifestación de la inteligencia, criticar o juzgar es parte de la manifestación de la ignorancia. Opta por lo que es más útil para todos.

Cambia tú y todo cambiará contigo. Esta es la premisa que promueve la unidad de pensamiento positivo y la búsqueda continua de logros. Verás poco a poco como tu intento de influenciar positivamente a tu entorno comienza a devolverte con intereses toda la energía invertida en los demás. No te prometo que será fácil, al contrario, será una gesta valiente que requerirá de tres valores fundamentales: decisión, perseverancia y fe. ¿Cuáles de estas tienes que desarrollar?

Necesitamos gente dispuesta a ayudar a nuestra gente y que no le tema al juicio ni la crítica ajena. Los agentes de cambio son personas valientes, de corazón noble y luchador, que levanten sin temor la bandera del amor como baluarte y signo de la unidad de un pueblo. Podemos rescatar nuestros trabajos, nuestras comunidades y podemos rescatar a nuestra gente. Si no sabes cómo instrúyete, edúcate, aprende a ser un agente de cambio. ¡He visto tantos que ya han logrado su transformación! Solo faltas tú. Date la oportunidad de ser uno de los que hacemos lo que hay que hacer.

De qué nos sirve el cuerpo si carece de lo más importante,
su esencia que brota de un alma pura.

Carlos J. Santiago

Cuando nos ofuscamos solo en lo que cubre nuestro cuerpo, o sea, esa imagen, muchas veces vacía y que con tanto ahínco y crueldad criticamos todos los días, comenzamos a morir en vida. Es que es irónico, el que pretendamos proyectar una imagen cargada de perfección y, sin embargo, perdemos la perspectiva de nuestro derecho a equivocarnos y a que cada persona tiene igual derecho de pensar y actuar de manera diferente a nosotros, así como a aspirar a nuestro mismo sentido de perfección. ¡Deja eso a un lado ya! Date la oportunidad de descubrirte en tu esencia. Entrega las armas de la hipocresía y ábrete a la oportunidad de trascender a otro nivel espiritual. ¿Cuántas veces no has escuchado que somos mente, cuerpo y espíritu, pero, qué es eso?

La riqueza bien ávida es bendición merecida; cuando la vida tiene sentido, el alma se manifiesta y nace en cada persona su ser renovado.

Para pensarte a ese nivel, necesitas hacer un paréntesis en tu camino, detener tu paso y darte en tu vida la prioridad que mereces para que puedas tener nuevas experiencias que te permitan vivir y vivir tiene su precio. Es por esto que muchos optan por existir nada más y negarse la oportunidad de moverse al próximo nivel. Es más fácil decirlo que hacerlo, sin embargo, con ayuda y dirección lograrás sintonizar tu cuerpo con tu alma, y créeme, eso es otro nivel de vida. "Es que es tan pobre que solo tiene dinero" y podrías decirme "sí, pero el dinero lo compra todo y cambia vidas" y yo te preguntaría, "¿de qué le sirve al ser humano tener si no es?"

La riqueza bien ávida es bendición merecida; cuando la vida tiene sentido, el alma se manifiesta y nace en cada persona su ser renovado, y ahí te conviertes en una estrella que brilla por sí misma y no en espejo que refleja todo lo de afuera, sin embargo, pocos pueden ver sus cualidades internas. Esta es una buena razón para intentar rescatar tus mejores cualidades y así desarrollarte y ayudar a otros a crecer contigo. No podemos conformarnos con lo que hemos logrado, hay mucho más por hacer, entrégate con toda tu alma porque *Estamos a Tiempo*.

Es más fácil evadirse que encontrarse, más fácil claudicar que persistir, más fácil odiar que amar, más fácil perder que ganar... y así nos extraviamos en la vida por senderos de confusión y lamentaciones.

Carlos J. Santiago

Sé que has vivido experiencias que jamás podrás olvidar, aquellas que han marcado tu camino de dos maneras, buena o mala. Las que con dolor y sufrimiento embargan tu esperanza y comprometen tu espíritu luchador. Esas que con su capacidad nociva contaminan y embriagan tu sentido común y dirección convirtiéndote en el ser que nunca deseaste ser y hasta criticaste un día.

Son este tipo de vivencias que hacen llorar al corazón y destruyen tu voluntad de luchar. Sin embargo, has vivido de igual manera aquellas que por ser buenas promueven una persona que aspira y alcanza, la persona humilde que acepta el error y lo enmienda, la persona trabajadora que cumple abnegadamente con su deber y da lo mejor de sí. El tú que no se deja vencer e intenta con fuerza de carácter mantener su rumbo hacia la culminación de tu gran plan de vida y es esta la que realmente te hará llegar. Digo en mis sesiones de 'coaching' de vida y seminarios, que para lo único que debemos ir al pasado es a buscar lo bueno, aquello que por ser tan poderoso vale la pena regresar a ellas por un momento y reconquistar nuestras gratas experiencias y la fuerza que nos dio la voluntad y satisfacción de haberlo hecho bien. De qué vale ir atrás si lo que vas a buscar es todo lo que te paralizó, humilló, devaluó y frustró tu capacidad de soñar.

Es hora de hacer tu plan, conquistar tu voluntad, desarrollar tu potencial, valorar y cultivar tu inteligencia, dar forma a tu vida y vivirla. No te desesperes pues, esto toma tiempo y gran esfuerzo. Lo que se ha descuidado por tanto tiempo no se arregla en un abrir y cerrar de ojos. Recuerda que lo que te hizo perderte en el camino no necesariamente fuiste tú, sin embargo, el que te regresará a él sí, y ahí está el gran reto. Tienes que ser consciente que lo que nace de la voluntad adelanta tu derecho de ser y querer ser diferente. Actúa ya pues cada segundo de tu vida es una oportunidad perdida o utilizada. Déjales saber a quienes aportan algo útil a tu vida tu decisión, de esta manera tendrás gente que apoye tu sueño y confía en ti de una vez y por todas.

Deja ya de tener pena por lo que no has logrado y comienza a celebrar los logros que generarás. Es hora de comenzar a creer que lo lograrás sin importar la opinión de quienes no crean en ti, allá ellos. En mis sesiones de 'coaching' ejecutivo veo a líderes y lideresas totalmente detenidos por sus creencias limitantes, por lo que ejercen pobre influencia en sus empleados y clientes, lo que los aleja cada vez más de sus *Recuerda que lo que te hizo perderte en el camino no necesariamente fuiste tú, sin embargo, el que te regresará a él sí.* grandes posibilidades de ocupar mejores puestos y lograr metas extraordinarias. Al capacitarlos, no importa el puesto que ocupen —vicepresidente, principal oficial ejecutivo, presidente, director, supervisor o emprendedor— veo una característica común en todos ellos: no creen en sí mismos ni en lo que pueden y quieren ser.

Acepta ayuda y permítete cambiar. Encuentra el camino de regreso a tu realización total, deja que tu voluntad te guíe y marque el sendero hacia tu nueva vida transformada.

Cuando deseas justificar lo injustificable, siempre encuentras las palabras, lo que no necesariamente aparece es quién te crea.

Carlos J. Santiago

Escuchando las quejas de tantas personas diariamente puedo ver que detrás de estas hay mucha justificación y desinterés de hacer algo verdaderamente poderoso que los mueva de este estado de lamentaciones sin acciones a uno de acciones concretas hacia la satisfacción. No continuemos la marcha sin saber a dónde vamos. Cuando caminas sin rumbo comienzas un ciclo donde imperan los errores, las decisiones pobres y, finalmente, las justificaciones. Se culpa a los otros de nuestras decisiones malas y se critica a aquel que las ha tomado correctamente. Se acabaron las excusas. Es tiempo de tomar acción y asumir nuestra responsabilidad, por lo que cada cual, cuando esté listo/a, se ocupará de establecer prioridades que le acerquen uniformemente hacia las metas de éxito deseadas. Sin embargo, ¿qué razón tendrías para optar por la parálisis y la postergación? No te des ese lujo, pues te veré inculpando a todos por tus decisiones.

Quien se visualiza fracasando, ya fracasó.

- Halla soluciones, no busques culpables: quien se concentra en buscar culpables se conforma con las excusas, mientras quien trabaja por las soluciones encuentra resultados.

- Confía y no juzgues: cuando se conoce a las personas realmente y vale la pena, los juicios deben quedar de un lado. El juicio es como un virus que no permite que las relaciones encuentren su autenticidad.

- Desarrolla y ejecuta tu plan de vida: reconoce lo que tienes e incorpóralo a un plan de vida real y alcanzable. Plan sin acción es una mera idea, acción sin plan es una pérdida de tiempo y el precio a pagar es muy alto.

• **Mentalízate hacia el éxito:** Son muchos/as quienes antes de dar un paso consideran el fracaso como su primera opción. Es como si antes de comenzar tu gran partido de baloncesto ya te ves perdiendo el juego. El estudiante que se ve fracasado sin haber tomado el primer examen. El padre o la madre que piensa que sus hijos/as fracasarán en la vida sin darles dirección. Quien se visualiza fracasando, ya fracasó.

• **No des más excusas, da razones válidas:** Las excusas solo le tienen sentido para quien las ofrece y no para quien las recibe, pues típicamente quien espera resultados quiere verlos. Dar excusas es la mejor forma de dejar saber que no eres la persona indicada para esa tarea.

Estas son algunas áreas a considerar, pero no son todas. Es momento de darte la oportunidad de manifestarte, demostrar tus capacidades y tu potencial, es tiempo de dejarle saber al mundo quién verdaderamente eres y quién puedes ser. Un padre o una madre ejemplar, un gran líder o lideresa de tu empresa, buen vecino/a, gran hijo/a, pareja, hermano/a, en fin, un gran ser humano en función de los que te rodean. Se acabaron las excusas, ya es hora de ser parte del mundo que todos/as queremos tener.

Una vida común y corriente es aquella que se conforma
con dejar pasar el tiempo sin dar el valor equitativo que cada
experiencia merece y tiene como acto recurrente en dar
a todo lo que le sucede el mismo peso.

Carlos J. Santiago

Es una cuestión de fe, de creer que puedes ser alguien más poderoso y capaz, que tienes en tu voluntad la herramienta más poderosa para redefinir tu circunstancia desde una nueva visión de vida. No es suficiente quererlo, hay que trabajar con dedicación. Si piensas que solo no puedes, busca aquellas alternativas efectivas que te permitan llegar a desarrollar todo tu potencial. Hay caminos que se tornan más placenteros si estás acompañado/a.

Cada segundo cuenta, da el paso a una vida transformada.

Una vida transformada parte de la premisa del cambio. Una visión total y absoluta hacia la nueva conceptualización de ti mismo/a. Por lo que te propongo cuatro de los diez principios que dan sentido y forma a mi modelo de Vidas Transformadas®, interiorízalos y ponlos en práctica y verás que cada segundo de tu vida será uno para el cambio permanente.

Principio 1: Reconoce que la vida es un milagro

Cuando perdemos el sentido verdadero de vivir comenzamos a menoscabar el principio básico de amar lo más preciado, nuestra propia vida. La vida es un milagro y como tal hay que tratarla. Es lo que al fin y al cabo tenemos como genuinamente propio. Nuestra vida es valiosa porque el primer soplo de aliento da forma a nuestro sueño y el de aquellos que nos engendraron. Naciste por algo y para algo, y no puedes dudar que eres la mejor posibilidad de hacer de nuestro mundo uno mejor y será mejor solo porque naciste y estás aquí para dejar tu legado. No eres un milagro, la vida que optas por vivir lo es y es esa misma vida la que te convierte en algo grande en la vida de otros al convertirte en un ser transformado. Debes estar cansado/a de no saber cómo transformarte y saberte diferente. Da el paso, cada segundo cuenta.

Principio 2: Rompe las cadenas del pasado

Comprende que del pasado lo único verdaderamente útil que ganaste es el aprendizaje que has recibido de esa experiencia. Muchos permanecen atados al pasado con cadenas de titanio (uno de los metales más poderosos) que les impiden proseguir nuevos caminos. Vivir atado al pasado es un riesgo peligroso, pues tus ojos físicos y del alma, siempre miran atrás y no ves el camino que pisas y estos pasos pueden ser inciertos. Estoy seguro que no necesitas más incertidumbre en tu vida, por lo que debes detenerte, reflexionar y mirar hacia adelante. Atrás solo se mira para superar los errores, no para lamentarnos de haberlos cometido, rompe tus cadenas y comienza a vivir la libertad de saberte dueño/a de tu presente y comienza a construir un nuevo futuro transformador.

Principio 3: Valora tu potencial

No permitas que nadie te trate como menos de lo grande que eres; reflexiona sobre ti misma/o. Te ayudo a encontrar tu camino hacia un nuevo ser. Si por años has buscado y por tu falta de estimación y miedo a encontrarte a ti mismo/a pierdes tu vida y con ella la ilusión de transformarte en un ser especial, que todos te admiren por tus virtudes, no por tus defectos. No temas, ve, da el paso y descúbrete.

Principio 4: Reconoce el segundo transformador

Cuando hablo del segundo transformador me refiero a este, ahora, mientras lees, mientras respiras, te quejas, te abandonas o te piensas como algo mejor. En Vidas Transformadas® descubres cómo no perder ni un segundo más en lamentaciones, reclamos del pasado y frustraciones que solo te paralizan. Despierta a la realidad transformadora de este segundo que te ofrezco. Un segundo que, al transformarte, te convertirá en el ser que tanto has soñado. Cada segundo cuenta, da el paso a una vida transformada.

Como pasan los años y sin pensar, sin saber, ni esperarlo,
gira nuestra vida segundo a segundo.

Carlos J. Santiago

Que inesperada es la vida cuando en un abrir y cerrar de ojos ya han pasado tantos años. La vida no pasa en años, ni meses, semanas ni días. La vida no pasa en horas ni minutos, la vida se nos va en segundos. Esos segundos que, sin darnos cuenta, nos hacen viejos y ciertamente este proceso inevitable cobra valor y significancia cuando provocamos que la experiencia de vivir sea gratificante para nosotros.

Ahora bien, qué debemos hacer para que este segundo sea uno transformador como digo en mi modelo de transformación personal Vidas Transformadas®. Hay que darle sentido total, hay que dar dirección y acción al *No temas a las alturas, lánzate y permítete arriesgarte a ganar.* pensamiento y poner el corazón en lo que haces. El ahora repercute en tu vida y la de los que conviven contigo en la misma o mayor intensidad. Posiblemente, a muchos les han cortado sus alas, les han robado su sueño y por largo tiempo no encuentran una razón para seguir adelante, sin embargo, hoy es el día, el gran día para comenzar a vivir, para estar a la expectativa de la oportunidad y no dejarnos vencer por la pereza, el conformismo y la indiferencia. Es que la rueda gira y hoy debemos optar por estar arriba y no conformarnos con estar abajo. No temas a las alturas, lánzate y permítete arriesgarte a ganar. Eres tú el agente de cambio y te invito a tomar como bandera el optimismo sin entrar en falsas expectativas, a optar por el amor sin caer en la ceguera sentimental, a elegir por tu valor propio sin menospreciar el valor del prójimo. Queremos y tendremos por derecho propio vidas más productivas, vidas que dejen huellas para que las nuevas generaciones sepan por dónde dirigirse. Somos el motor que mueve el cambio positivo de un país que merece algo más transcendental. La rueda está girando y debemos aprovechar esta gran oportunidad. No pierdas la esperanza y pon tu grano de arena porque *Estamos a Tiempo*.

Cuando no tenemos claro hacia dónde dirigir nuestra barca,
es conveniente tirar anclas y mirar hacia las estrellas.

Carlos J. Santiago

En múltiples ocasiones me han escuchado decir que en mi vida no necesito más anclas, pues estas detienen mi embarcación que está deseosa de navegar. No obstante, hay momentos donde con toda intención debemos lazarlas a la mar para así evitar caer a la deriva, una nave sin rumbo, a la suerte de la marea. Muchas veces las tormentas de nuestra vida, manifestadas en situaciones de divorcios, riñas entre familiares o amigos, discordias entre vecinos, grandes retos de salud, económicos y otros, nos confunden y abruman a tal nivel que optamos por dejar nuestro timón y ahí comienza nuestro naufragio. Sin embargo, si miramos hacia el cielo, veremos un sinnúmero de constelaciones formadas por estrellas que nos podrían guiar en nuestro nuevo punto de partida y devolvernos el rumbo y la fe para navegar hacia puerto seguro.

Permíteme sugerirte la más común y útil de todas, La Estrella de Norte. Esa misma estrella guió a los tres sabios de oriente hacia Belén hace más de dos mil años, fue la misma que trajo a Cristóbal Colón a las Américas desde Las Canarias hace más de 500 años y es la misma que cada día puedes ver quieta en el firmamento, en espera de corazones aturdidos en búsqueda de su rumbo hacia un puerto seguro.

Si fueras a hacer una analogía entre los que ya han recurrido a ella y tú, ¿qué características te asemejarían a estas grandes figuras? ¿Acaso será la tenacidad, el valor de creer, la firmeza de carácter y tener fe? Estas son características esenciales para encontrar sentido de dirección. Ahora bien, una vez que te encuentras a ti mismo/a y te sientes listo/a para continuar navegando, debes hallar fuerza de lo alto para atreverte a

Si miramos hacia el cielo, veremos un sinnúmero de constelaciones formadas por estrellas que nos podrían guiar en nuestro nuevo punto de partida.

elevar anclas y abrir todas tus velas para que con fuerza y dirección naveguen los tuyos y tú a ese lugar donde verás tus planes de vida hechos realidad. Es probable que por estar tanto tiempo detenido/a, tus cadenas estén demasiado corroídas, por tanto, si lo crees necesario, ven busca ayuda y soltaremos todo lo que te paralice, todo lo que te impida ver tu estrella guía y soltemos los nudos que mantienen tus velas atadas al mástil de tu vida. Lánzate a esta nueva aventura con fe porque *Estamos a Tiempo*.

Estar solos y sentirse solo no es lo mismo. Utiliza la soledad para descubrir tu ser interior y encontrarte con la persona más valiosa que eres tú mismo/a.

Carlos J. Santiago

¿Cómo vas a convertirte en un ser renovado y lleno de vida, si cuando tu propia naturaleza humana te pide a gritos estar contigo y solo contigo en un diálogo profundo y de transformación efectiva que solo encontrarás en la soledad y tienes esa oportunidad extraordinaria, huyes como si encontrarte a ti mismo/a fuera la experiencia más traumática que vivirás? Claro, reconozco que si has vivido experiencias que marcaron tu corazón y dejaron huellas que no necesariamente deseas volver a pisar, podrías sentir miedo de ese gran encuentro interior. Sabes, es normal y no tienes por qué sentirte avergonzado/a de experimentar esas emociones. Quien no ha cultivado por años su ser interno, tiene en sí un crítico muy fuerte que le grita y destaca todo lo negativo que pudiera ser esta experiencia. Ahora bien, las ideas no son más que esto, ideas que si le das el espacio te dominarán siempre y en tanto tú lo permitas.

Despertar a la verdad absoluta de que mereces algo mejor es el primer paso para tu encuentro. Sin embargo, me pregunto, ¿cómo lo haces sin enfrentarte a tus propios temores? ¿De qué serviría intentar seguir un rumbo que no está energizado por ideas poderosas que te muevan a tu realización? El momento es ahora, este segundo que cuenta en tu reloj vital. Debes saber dónde estás para poder saber hacia dónde te diriges. Cuando las personas comparten conmigo su realidad, veo como mis preguntas les estremecen y sus ideas de victoria comienzan a fluir a la vez que destruyen los pensamientos derrotistas que les paralizan e impiden el conocerse a sí mismos/as. Date la oportunidad de encontrarte, despertar a la vida que mereces y sentir la satisfacción de ser tú. Únete a los que creemos que luego de conocerte, comienzas a vivir, no existir solamente. Sentirte solo/a no es una opción, optar por la soledad momentánea para regalarte el obsequio de un encuentro generoso contigo misma/o es un reto que puedes vencer y como premio te tendrás a ti.

Vivir es mucho más que ocupar un espacio físico, es con cada paso dado, dejar la huella que otro desee pisar, pues verá en ti el modelo a seguir. Verás que no es una carga más, es la manera de liberarte de tus cadenas y darles a otros la esperanza de vivir en plenitud. Tú serás la razón de continuar para otros, es por esto que debes regalarte momentos de soledad acompañada en espíritu para que tu compañía en la soledad de otros, sea una opción para salir a la vida que todos aguardamos. Dales sentido a tus momentos de soledad.

Dales sentido a tus momentos de soledad

Las actitudes se experimentan internamente, mientras que tu conducta la defines de cara a las demás personas.

Carlos J. Santiago

Los pensamientos motivan tu comportamiento interno, a los que muchos definen como actitudes. Son estas actitudes formas de expresión interna que se dan en tu mente y que son el alimento de tu comportamiento. Es lo que sientes dentro, y lo demás, lo que otros reciben.

Déjame hablarte de las dos caras de las actitudes. Las que promueven tu ser son ese grupo de pensamientos que te hace sentir bien contigo mismo/a pues dan placer y sentido positivo a tu ser. Las actitudes positivas te dan fuerza en los momentos de reto, te inspiran en los momentos de desasosiego y te motivan en los momentos de parálisis. Las limitantes son las que, con tu crítica continua, paralizan tu creatividad y desinflan tus sueños. En estas actitudes es que nacen la discordia, la envidia y la inhibición de tu potencial. Estas actitudes te separan de los demás, pues ¿quién desea estar con una persona que continuamente se ve en desgracia y desea ver a los demás así también?

Típicamente tu vida no se fastidia por lo que tú haces, sino por lo que otros te hacen como respuesta a tu comportamiento.

Cada día es más común observar como las creencias limitantes de cada persona que atiendo están relacionadas directamente con una actitud poco motivadora o casi destructiva y es así porque cuando comenzamos a trabajar su proceso de transformación, surgen todos los fantasmas que les hacen pensar que su proceso no dará los resultados esperados. Es que tienes que creer en que tu cambio es posible, que tu potencial de ser mejor vencerá a tu hombre viejo o mujer vieja. Típicamente tu vida no se fastidia por lo que tú haces, sino por lo que otros te hacen como respuesta a tu comportamiento. Por lo tanto, te invito a que antes de actuar:

- Haz contacto con tus emociones pues estas dan vida a la actitud.

- Reflexiona sobre los sentimientos que recibes del entorno antes de echar culpas.

- Calma a tu crítico interno antes de criticar a otros y echarles tus frustraciones.

- Destaca tus virtudes y fortalezas más que tus debilidades.

- Cree que como te piensas, te proyectas.

- Pon tu mente en posición afirmativa y de servir.

Estas son varias ideas que utilizo y motivo a otros a incluir en su repertorio de respuestas. Tu actitud hace la diferencia evidentemente y más cuando deseas hacerla de una manera que genere cambios positivos en los demás. No te conformes con poco, date la oportunidad de pensar en grande y lograrás grandes resultados. Que tu conducta sea la mejor expresión de una actitud positiva, trabaja tus actitudes y te sentirás mejor.

Si sientes que has perdido tu norte,
deja de mirar siempre al sur.

Carlos J. Santiago

Pareciera que mucha gente quisiera tomar un avión y huir de su realidad, que tanto le agobia. Seres que sin ninguna malicia ven y codician fuera de sí todo aquello que merecen y desean alcanzar. Es más que el deber o tener que hacer las cosas, es el querer hacer un cambio, lo que les impulsa a mirar afuera de su mundo, de su hogar, de su país. Cuando el alma se siente vacía y pierde su rumbo, es más probable bajar la cuesta que subirla. Es más fácil caminar hacia abajo que hacia arriba, es más fácil mirar al sur que al norte y ahí comienzas a perderte en tu camino. Es que cuando deseas salir de tu realidad no solo buscas paz y tranquilidad, debes también buscarte a ti mismo/a y hacer un gran esfuerzo por encontrarte. Encontrarte de verdad, descubrir que todo camino que tomes debe conducirte a ser mejor ser humano en tu esencia. Los caminos se nos atraviesan, pero nuestros sueños nos acompañan siempre y depende de cuál tomemos, sabremos por los frutos si fue el correcto.

Un boleto de ida… no lo creo. Más bien es la ida por la vuelta. Nadie sale de sí mismo por mucho tiempo. He vivido tantas experiencias durante mis conferencias y 'coaching' donde veo a mi gente loca por salir de sus retos de vida y le digo lo siguiente:

- Enfrentar los retos te hace grande porque saca lo mejor de ti.

- Conocer tu verdadera realidad de vida te hace consciente, pues te regala la verdad.

- Mirarte sin prejuicios te hace especial, pues destacas tus cualidades únicas.

- Huir te hace débil, pues te priva de la oportunidad de ejercitar tu voluntad.

- Regresar de tu viaje te hace orgulloso/a, pues puedes compartir el logro que conquistaste.

Un boleto de ida es la forma más sencilla de resolver tus asuntos, piensa que cuando llueve no se daña el día, se robustece la madre tierra. Al alma que sufre dale amor, al hambriento dale de comer, al solitario dale compañía, al enfermo dale consuelo, al que tiene vida dale el don de dar gracias y al que tiene gracia dale motivos para compartirla. Hay tantas razones para mirar al norte y, si es así, por qué conformarte con caminar cabizbajo/a si puedes hacerlo erguido/a. Demuéstrate que aun es tiempo para volver a tu camino, aquel camino que conduce al éxito, manifiesta todo lo que hay en ti, que nadie ni nada te aparte de tu verdadero destino viviendo cada segundo de tu vida como aquel que te llevará a encontrarte y así encontrarás tu puerto seguro. Es momento de un viaje, sí, sin embargo, que tu regreso sea más venturoso que tu partida. ¡Vuelve pronto!

Al alma que sufre dale amor, al hambriento dale de comer, al solitario dale compañía, al enfermo dale consuelo, al que tiene vida dale el don de dar gracias y al que tiene gracia dale motivos para compartirla.

Valores

Quienes vivimos en este país tenemos que hacer lo mejor
por rescatarlo y hacerlo ahora.

Carlos J. Santiago

Al nacer, somos en nuestro cerebro como tablas rasas, sin nada grabado y nos comportamos de manera intuitiva, es nuestra crianza la que hace la diferencia y nos dirige al bien o al mal. Vamos despertando a la vida y adquirimos —mediante el ejemplo, más que con las palabras— el significado de existir o vivir haciendo el bien u optando por lo destructivo. Así nacemos a lo que somos. Imagino que, como muchos, te preguntas qué ocurrió para que los seres humanos que vivimos en nuestra hermosa tierra hayamos perdido el camino. Qué fue lo que corrompió nuestro sentido de unidad y colaboración como pueblo. Dónde quedó

No podemos dejar en manos de otros lo que nos corresponde a cada uno.

nuestra fe de ser mejores, pero desde adentro palpita el ser del puertorriqueño de corazón noble como el del Taíno, fuerte como el del negro y astuto como el del español. Es que somos tres herencias al nacer y de esas tres razas nace la capacidad del puertorriqueño que se puede adaptar y moldear a cualquier ambiente y situación. Somos perfectos para ser lo que queramos ser y si esto es así, ¿qué razones tenemos para optar por lo que nos destruye?

Mediante el ejemplo, sembramos en nuestros niños la idea de que el que se aprovecha del otro es más listo y tiene ventajas, el que da primero da dos veces, el que hace la trampa domina la ley, el que tiene muchas mujeres es el más exitoso, el que se cuela en la fila es astuto y el que reta la autoridad es más valiente. ¡Qué triste realidad! Escuchar algunos padres —por inocencia o ignorancia— motivar en ellos la astucia típica de aquel que al final muestra al mundo una cara irreal del puertorriqueño auténtico, aquel que forjó un país de grande valores, herencia cultural y virtudes.

No me conformo con esta realidad y no te debes conformar tampoco y voltear la cara cuando vemos que, en nuestra sociedad, ser honesto es un delito. Es que no puedo creer que te conformes con ver como se nos van de las manos nuestras comunidades, nuestras familias, nuestros jóvenes, nuestras más valiosas instituciones. No podemos aceptar que se nos corrompa lo más íntimo de cada puertorriqueño, su fe en Dios que siempre nos distinguió, la esperanza de un futuro sólido para todos y la realidad de una vida de calidad. Hay que indignarse y hacer algo, cada uno tiene una responsabilidad que cumplir. No podemos dejar en manos de otros lo que nos corresponde a cada uno. No podemos hablar solo de derechos, tenemos que hablar también de los deberes de cada cual. Despierta y haz tu parte.

Es difícil comprender que, teniendo inteligencia, optamos por vivir en la ignorancia, pues el saber compromete.

Carlos J. Santiago

En el momento que optamos por conocer algo o a alguien damos un paso hacia el compromiso, la responsabilidad y la ética social que nos implica a todos. Es ese momento crucial donde dejamos atrás el desconocimiento y aceptamos nuestra necesidad de aprender cosas y conocer gente nueva. Esa responsabilidad requiere de una noción total del derecho ajeno y el deber de cada uno. Hay una diferencia abismal entre la inocencia y la ignorancia. La inocencia manifiesta las motivaciones más profundas del corazón, mientras

Tenemos que educarnos, instruirnos y desarrollarnos, pues existir no es suficiente, hay que vivir y cada segundo cuenta.

que la ignorancia mantiene en cautiverio a nuestro intelecto. Al despertar tu deseo de superarte, despiertas la oportunidad de lanzarte en un viaje de nuevos conocimientos que, poco a poco, liberan tu mente y con ella tu inteligencia racional y emocional. Es que somos seres inteligentes, seres con mente que cuestiona y alma que añora un nuevo amanecer y es precisamente esta combinación de dos elementos humanos la que da fuerza y dirección a nuestra voluntad. Al permitir que esta predomine en nuestras decisiones diarias damos paso a la manifestación del libre albedrío que solo los seres humanos conceptualizamos. Lo que manifiesta la capacidad libre que posee cada persona para decidir.

Si esto es así, ¿qué motiva a algunos a decidir por permanecer en la ignorancia? ¿Será acaso miedo a afrontar los retos que la vida irremediablemente traerá con la decisión de superar su propia ignorancia? Siempre he creído que ignorante no es aquel que no ha tenido la oportunidad de conocer y aprender, más bien es aquella persona que libre y voluntariamente prefiere quedarse rezagado e ignorar lo que es realmente importante, descubrirse a sí mismo, conocerse a sí mismo y manifestar a otros su potencial total. Tenemos que educarnos, instruirnos y desarrollarnos, pues existir no es suficiente, hay que vivir y cada segundo cuenta. Es que nuestra vida es como un reloj de arena, que grano a grano va transcurriendo y lo que adquiramos de ella, será lo que nos represente de cara a los demás. El conocimiento llena el vacío que provoca la ignorancia y se manifiesta en el estudio y en este gran reto que te invito a aceptar. No permitas que el miedo a la responsabilidad opaque la gran satisfacción que alcanzarás, confía en tu potencial y deja fluir tu ser hacia un nuevo camino lleno de logros.

Agradécele a la vida todas sus enseñanzas,
pues quien deja de agradecerle a la vida, comienza a morir.

Carlos J. Santiago

Cuando la vida me regala la oportunidad de brindarles una conferencia a mis amigos de la tercera edad veo con claridad, ¡qué mucho me falta por crecer! Reconozco en ellos una historia escrita con sudor, llanto, desvelos y esperanzas. Son como libros abiertos que me regalan la oportunidad de escribir en sus páginas a través de mis conferencias algunos versos producto de la inspiración de esa corta interacción con ellos. Es que se me hace tan difícil aceptar el hecho de que nuestra sociedad menosprecie y desperdicie tan fácilmente la sabiduría del viejo. Aun con todos mis títulos académicos, cada vez que me brindo la oportunidad de estar con ellos (los viejitos y las viejitas de mi barrio) recibo una cátedra referente a la vida misma.

Su alegría espontánea y su afán por vivir un segundo más, motiva en mí pensamientos poderosos que deseo compartir hoy.

- Quien solamente existe, no vive, meramente ocupa un espacio. Debes procurar vivir cada segundo de tu vida intensamente. Así que vive cada segundo como el último de una apesadumbrada vida o como el primero de una extraordinaria que deje huellas a los que vienen detrás.

- Todos estamos envejeciendo, ellos solo se adelantaron a nosotros. Nunca pienses que tu día de ser viejo no llegará, en efecto, envejeces desde que naces, por ende, todos somos envejecientes. Procura que no te llegue el momento y no hayas sembrado en los que te rodean suficiente amor para que en tu fragilidad futura se compadezcan, te comprendan y amen tu debilidad.

- Reconoce su inteligencia y valor, el que sean más lentos que tú no significa que no saben llegar al destino, es que en ocasiones se les olvida el camino. Todos somos responsables de hacer lo correcto por el bienestar de cada uno de los miembros de nuestra comunidad, en especial, a los más desvalidos. Compadécete de ellos, ámalos y recibirás tú el milagro de la vida más adelante.

- Acuérdate de Dios en tu juventud para que tu vejez sea próspera. Ese pensamiento poderoso lo recibimos mis hermanos y yo de nuestros padres, con la genuina intención de que nuestra vejez fuera una sana y llena de compresión. Todos llegaremos a ese lugar donde esperaremos un verdadero milagro. Es ese que nos traerá a personas que nos amen, respeten y protejan en nuestra etapa más vulnerable, la vejez. Haz que ellos vean en ti ese milagro esperado, abre tu corazón.

El interior de cada ser humano carga la fuerza
más poderosa que lo guía: sus valores.

Carlos J. Santiago

Nadie es perfecto, sin embargo, muchos luchan a diario por lograr que su estado espiritual y humano logre la perfección. Es un camino en ocasiones tortuoso, de grandes retos, de algunas desilusiones, pero nunca de desesperanza, pues eres tú mismo/a cultivándote día a día, haciendo de tus valores tu guía diaria hacia la persona que deseas ser. No son ideas utópicas, que más que de la vida, parecen sacadas de un libro fantástico e irrealista. Quiero hablarle a la persona imperfecta que somos y que se manifiesta en todo lo que hacemos y quisiéramos ser. Todos los días me encuentro con personas cuyo juicio y crítica continua debilitan su fuente de valor interno, se convierten en sus peores motivadores, criticones que asesinan a su voz impecable que les habla en todo momento sobre qué debes o no hacer. Sin embargo, esa es la conducta y me pregunto, ¿qué ocurre con tu voz interna, o sea, tu conciencia? Cuando te habla, ¿qué experimentas? No voy a poner respuesta a estas preguntas que te he hecho, más bien permitiré que hagas un breve análisis introspectivo y des tu propia respuesta.

No nacimos con valores, los adquirimos y es en esta forma de vivir que podemos dejar manifestar nuestra razón de ser humanos.

Este análisis que propongo, no carga juicio alguno, a menos que tu voz interna, más que darte opciones, te lleve a la encrucijada de cuestionar tus principios básicos. No pierdas esta gran oportunidad, pues es aquí cuando podría ser más productivo tu análisis. No es cuestionar tus valores, sino, valorarlos realmente y comenzar a revitalizarlos. Así como ejercitamos el cuerpo, nuestras ideas se redefinen dándonos la oportunidad de ser mejores. Es como si fueran nuestros músculos espirituales, hay que trabajarlos poco a poco, a un ritmo que nos mueva a otro nivel. Tus valores no pueden estar atados a la opinión de los demás, sin embargo, no deben estar enajenados de los demás pues son nuestros valores los que fortalecen las relaciones humanas que al final, son las que rigen, dan sentido y propósito a nuestra vida.

No nacimos con valores, los adquirimos y es en esta forma de vivir que podemos dejar manifestar nuestra razón de ser humanos. Los animales no definen sus expresiones afectivas como amor, pero en ocasiones manifiestan más humanidad que muchos que proclamamos el amor como bandera. Son nuestros valores los que rescatarán a nuestra sociedad enferma, a nuestras familias, a nuestra humanidad confundida. Este es mi llamado, un grito de esperanza a un pueblo que sabe amar, que sabe respetar, que sabe cuáles son sus raíces más profundas. Raíces que nacieron con nuestras generaciones anteriores y que esta generación clama con fuerza, a los padres de hoy, vive el ejemplo para que tus hijos no solo conozcan de valores, sino, que los manifiesten con su conducta. Está en nuestras manos. Rescátate desde adentro.

"Gracias" es más que una palabra, es el deseo verdadero
de que se realice algo grande en quien la recibe.

Carlos J. Santiago

El origen de la palabra "gracias" se refiere a una visión profundamente espiritual donde implica conceptos como alabanza y oración profunda. Es por esto que al decir gracias manifestamos un sentimiento que debemos realmente sentir y no solo manifestarlo en palabras sino en acciones que provoquen en los demás el deseo genuino de compartir dichas gracias a otros. Gracias, es un activador espectacular de sentimientos de hermandad. No importa si me contestan, yo las doy, pues al mendigo se le ofrece la limosna sin esperar a cambio su respuesta inmediata. Al que necesita de nuestra bondad no se le mide la cantidad que daremos, pues en esa misma medida la vida te devolverá grandes bendiciones. Al dar gracias derramamos sobre esa persona y su prole todos los buenos deseos de una vida plena desde ese punto en adelante. Es como si al dar las gracias, imploráramos a lo alto el que la vida de esa persona se vea impactada de momentos gratos y de bendiciones inesperadas. El agradecimiento es un acto noble, cargado de humildad que rescata poco a poco a los seres humanos y provoca cambio social. He visto cómo las personas pasan de un estado de indiferencia e insensibilidad a uno de compasión y solidaridad, dos emociones esenciales para vivir mejor.

Vivir en un acto de voluntad para alcanzar tu propósito, es una forma de realizarte como persona y es una manera efectiva de dejar tu huella en tu vida.

Y pregunto, ¿deseas vivir mejor? Si es afirmativa tu respuesta, atrévete y da el paso a reconocer la bondad en los demás. Sé que estamos atravesando momento de gran reto y lo primero que se tiende a perder es la confianza, que está estrechamente relacionada con la gratitud. Por esa razón, te reto positivamente a que utilizando la gratitud comiences a rescatar la confianza en ti y en los que te rodean. Vivir en un acto de voluntad para alcanzar tu propósito, es una forma de realizarte como persona y es una manera efectiva de dejar tu huella en tu vida. Vive en gratitud y con deseos de ser mejor y hacer mejor a otros.

Amor al prójimo

Si tenemos esperanza de un nuevo amanecer, adelante,
aun no ha caído la noche.

Carlos J. Santiago

Si cada corazón que late pide con fe un nuevo amanecer, podríamos decir que nuestra humanidad es nuestra mejor alternativa de un futuro de paz ante tan fuertes amenazas. Amenazas que nacen en la naturaleza de cada uno y que podría ser rescatada si permitimos que nuestra humildad regrese a nuestros corazones. He escuchado cómo varias personas en su desesperación de ver como vamos decayendo en los valores a nivel global, me preguntan, ¿para qué continuar luchando? ¿Qué puede hacer una sola persona en tan difícil panorama? Y es ahí cuando aprovecho para sembrar una idea que potencia a quien la escucha.

Recuerdo la historia del niño en la playa quien estaba rescatando estrellas de mar. Eran miles de estrellas en la orilla y el niño desesperadamente lanzaba una a una al agua. Un individuo que le observada en la distancia le pregunta:

—¿Qué haces?

—Rescatando estrellas —el niño contesta.

—¿Y piensas que podrías hacer una diferencia? Son miles de estrellas.

—Quizás para aquellas no (mirando hacia la playa), sin embargo, a esta sí le hice la diferencia —y sonriendo la lanzó al mar salvando una vida a la vez—.

Me pregunto: ¿qué estamos haciendo por salvar una vida a la vez? ¿Qué tal sería comenzar en casa? ¿Haríamos la diferencia? Es que no servimos para todo, pero todos servimos para algo, escuché una vez. Esta idea de ayudar una vida a la vez, la he convertido en una filosofía de vida que no solo ha cambiado muchas persona en mi vida, sino que adoptar esta forma de ver la vida, me regala cada día una estrella que lanzo a su mar de esperanza, desarrollo profesional y personal. Esto le da sentido a mi gestión de vivir cada segundo como uno de servicio e inspiración para quien lo quiera recibir. Esperar por milagros grandes desenfoca el alma, son esos milagros pequeños los que hacen de cada momento uno especial, momentos valiosos con tus hijos, hermanos, pareja, amigos, en fin, con tu prójimo. Es que si quieres de corazón, puedes hacer la diferencia. Puedes regalarte cada día la oportunidad de rescatar una estrella, esa estrella que encontrarás en el trabajo, la escuela, la iglesia y la calle. Hoy es un buen día para tener fe, y ponerla en acciones concretas de fraternidad y verdadera hermandad. Hoy es un gran día para salvar una estrella y así comenzar el cambio de este mundo que ha perdido la esperanza. No hagas caso omiso a tu llamado, abre tu mente y tu corazón pues el terreno está fértil y necesita sembradores y sembradoras de esperanza. Sé que a esta hora y al leer estas notas se enciende una luz especial dentro de ti como un llamado que inspira a la acción, al movimiento de un ser que puede, si quiere, hacer la diferencia. Toco la puerta de tu ser para que digas presente en este nuevo lugar que queremos reconstruir. No lo pienses y ven porque *Estamos a Tiempo*.

Busquemos la justicia, pues es la fuente de la igualdad, y es
esta última la vía perfecta para el amor entre los seres humanos.

Carlos J. Santiago

Es vital que despertemos a una conciencia real de que todos merecemos vivir en justa armonía. Pero qué es la justicia y la armonía. La justicia evoca el que cada ser humano recibe lo que realmente merece por sus esfuerzos y aportaciones a la sociedad. Es que recibirás de los demás lo que brindas. Ahora bien, no puedes pretender recibir más de lo que estás dispuesto a dar, pues te conviertes en la fuente de la desigualdad. Si siembras, cosechas, pero lo lógico es que si siembras maldad no esperes el bien.

Al hablar de armonía, hablamos de que como, en los acordes de una melodía, cada nota musical debe estar en su afinación perfecta para que el sonido sea placentero al oído y al espíritu que lo escucha. Vivir en armonía es encontrar el balance que permite la sana convivencia entre los seres humanos. Todos aportamos por el bien de cada cual, es por eso que se hace imperante el que no te preguntes si eres feliz, pregúntate si son felices los que están contigo. Esta acción te posiciona en una perspectiva abierta a las buenas relaciones. No podemos pretender ser grandes minimizando al prójimo, haciéndole creer que sus virtudes son sus más grandes defectos para de ahí sacar ventaja. No puedes volar cortando las alas de los que pretenden volar contigo, pues al hacer esto, te expones a tu propia destrucción, ya que les brindas las armas que utilizarán en tu contra. Al buscar la justicia viendo solo tu bienestar promueves lo opuesto y, al final, todos compartiremos la misma desgracia: vivir en discordia.

Si siembras maldad no esperes el bien.

Sueña en grande, pero no comprometas el sueño de otros. Vive intensamente, pero no prives a otros de vivir. Busca tu éxito personal, pero no frustres el deseo de éxito de los que te rodean. Compartir el sueño de vivir la paz es propiedad de toda la humanidad, no de unos pocos que de manera demagógica y casi hipócrita hacen el espectáculo de la paz improvisada que nunca se hace realidad. Vivir la paz que todos buscamos es el estado que libera tu alma y rompe las cadenas de la esclavitud física, psicológica y espiritual. Te lo presento de manera real y sencilla de entender.

- Es la paz que se materializa en la relación de pareja sana, sin humillaciones, reclamos trillados, coerción de la libertad de pensamiento ni apariencias de convivencia sana sin amor.

- Es la paz que encuentras en la paternidad responsable que promueve el amor entre los hermanos, los cuidados necesarios y la educación (dije educación, no instrucción) que solo en el hogar se puede ofrecer. Es impartir los valores que fundamentan la justicia entre los seres humanos y los niños la aprenden desde muy temprano.

- Es la paz que se encuentra en el amor y buen trato a los menos afortunados, los envejecidos, los minusválidos, los seres sin hogar ni techo y los huérfanos. Son tantos, que me asusta la inacción de los que observamos y no hacemos nada.

- Es la paz que se encuentra en la espiritualidad cultivada día a día. La que se encuentra en los corazones compasivos y los seres de buena voluntad.

Parece difícil, pero en realidad, lo más difícil es comenzar. Una vez experimentes la extraordinaria sensación de amar al prójimo como a ti mismo, verás que tu persona se transforma en un ser de luz que ilumina en la oscuridad, sana al enfermo e inspira al desesperanzado. Da el paso.

Hemos perdido el sentido de dirección y cuando no sabes
a dónde te diriges, cualquier camino te lleva allá.

Carlos J. Santiago

En mis 15 años de práctica profesional y docente, he visto muchas cosas que le pondrían los pelos de punta a cualquiera que no esté acostumbrado/a a semejantes realidades de vida, pero hasta hace muy poco no me había percatado que esas cosas ya son parte de nuestra realidad cultural. Y es triste aceptar que nuestros niños pierden su inocencia a los cinco años de edad, que una niña promedio pueda perder su virginidad a los once años, que los niños estén probando con drogas desde los siete años, que una adolescente tenga un hijo a los trece pero sin padre que la ayude a criarlo, que exista tan alto nivel de deserción escolar, que gran parte de los jóvenes entre 15 a 18 años no ha completado su escuela superior y que muchos de ellos lo logren por estudios libres, no comprendo cómo pueden terminar siete años de madurez escolar —los años de escuela intermedia y superior— en tan corto tiempo.

Estamos en la sociedad de autoservicio, todo a la prisa, recompensa inmediata a cualquier precio. Tiempos de computadoras portátiles, teléfonos inteligentes y acceso a toda información con el toque de un botón. Ya no sorprende el que podamos comunicarnos con el otro lado del planeta en segundos y hasta con el planeta Marte, si fuera necesario, sin embargo, no podemos comunicarnos con nuestros

Define tu camino de regreso.

hijos, nos da igual si los otros tienen alimento en su mesa, siempre que haya en la nuestra. Ya estamos acostumbrados a los muertos de cada día, a los mendigos en las luces de tránsito, a las jovencitas vendiendo sus cuerpos a cambio de lograr tener lujos que de otra forma no serían posibles.

¿Aceptarás esta realidad como la nueva forma de vivir en nuestro país? Yo me rehúso y creo firmemente que si regresamos al reencuentro de nuestra esencia de ser, lograremos volver al camino. Ese camino de inocencia en donde nuestros niños volverán a reír sanamente, esa realidad donde nuestro futuro se forjará con profesionales producto de una educación digna que asegure el bienestar de todos. Te invito a descartar la idea de que no existen opciones, créalas, provoca el cambio afirmativo, sé parte de una historia diferente por vivir de manera diferente. Define tu camino de regreso.

Son las pequeñas demostraciones de amor y hermandad
las que dan sentido a la convivencia.

Carlos J. Santiago

En muy pocas ocasiones y más aun cuando hemos perdido la esperanza, le damos cabida a la oportunidad de manifestar la convivencia perfecta mediante gestos de ayuda y hermandad entre los seres que compartimos y vivimos juntos es esta hermosa tierra. Nos privamos de ayudar a otros por miedo a ser engañados, ser víctimas de la criminalidad y esto da pena. Y nos da pena, pues en el fondo, somos un pueblo noble que cree en darse al prójimo y en amarlo como a nosotros mismos, pues creemos genuinamente que en estos gestos de amor se construye un nuevo país. Es en acciones concretas que manifiestas tus cualidades mejores y es ahí donde haces la diferencia.

Recibí un texto un domingo en la mañana por parte de una de mis empleadas más fieles y amante de los animales, esta mujer es de las que haría cualquier cosa por rescatar a un animalito abandonado, quizás te identificas con ella pues eres igual. En el texto describía como hizo toda una maniobra para poder salvarlo y en efecto lo logró. Describía como las personas ignoraban al animal casi provocando su muerte en la via de rodaje. Era como si intensionalmente desearan quitarle la vida a un animal indefenso. ¿Eres o conoces a alguien que no puede ver a un animal sin comer o beber? ¿Tienes un impulso continuo por recatarlos? ¿Andas con alimento y agua en tu auto, por si acaso? Personas que aunque algunos critican, muchos en el interior valoramos pues son estos gestos de amor los que hacen la diferencia.

Imagínense esto, vas por la autopista, ves a un perrito hambriento, sucio y casi enfermo, te detienes a socorrerlo, pues siempre andas preparada/o por la eventualidad y comienzas a hacer tu rescate. En esto pasa por tu lado una veintena de autos y nadie toma ninguna iniciativa de ayudarte, aunque muchos quisieran pero tienen miedo a la crítica o a no sé qué. En realidad, desean ayudar pero, tienen miedo a lo que pueda ocurrir, inclusive la posibilidad de que algún miembro de la familia se enamore del animal y lo quiera llevar a casa. Todos sabemos que en todo gesto de amor siempre hay un riesgo. Para sorpresa tuya se detiene un auto y es un oficial de la policía dispuesto a ayudarte, luego vino otro y es ahí donde comienza la cadena del cambio humanitario. Todavía *Estamos a Tiempo*, a tiempo de no solo rescatar a un animal en la calle, sino de vivir la experiencia de juntos, dos desconocidos hacer algo grande como salvar una vida, no importa que sea un pequeño cachorrito. Es gratificante, sino, pregúntales a los cientos de voluntarios que hacen cada día gestos de rescate. Veo a diario profesionales de la salud haciendo gestos en sus buenos tratos, maestros/as, policías, secretarios/as, gente ayudando a su gente y es en esos momentos que la vida nos da, que debemos lanzarnos y unirnos en un fin común. Hoy fue mi empleada quien me regala su experiencia de amar la vida, mañana podrías ser tú quien reciba una razón para rescatar a alguien y con él/ella a nuestra tierra. Comparte lo mejor de ti en un gesto de amor.

Comparte lo mejor de ti en un gesto de amor.

Todos tenemos la capacidad de cambiar una vida,
solo falta la voluntad para atrevernos.

Carlos J. Santiago

Pensamos que hacer el cambio en la vida de otras personas conlleva grandes esfuerzos, años de estudio o preparación y posibles gastos económicos; en algunos casos sí, algo de esto es verdad. Sin embargo, mi experiencia ha sido muy diferente. En mis 15 años estudiando al ser humano y su conducta, he podido vivir todo tipo de experiencia que me certifica que si anhelas cambiar, solo tienes que desearlo con fervor y desde tu ser total. Esto junto a un gran plan de vida te lleva al logro. Es que uniendo tu mente, cuerpo y alma se realiza la transformación.

Así como la mariposa pasa un trabajo enorme en salir de su crisálida, las personas que desean realmente ser transformadas, se exponen al proceso y, finalmente, ven su nuevo ser. No le huyas al dolor, pues todo lo bueno de la vida, lo que realmente tiene valor, reta toda tu persona y, en ocasiones, el dolor es el resultado del proceso mismo de sanación. ¿Estás dispuesto/a a sufrir un poco en el arduo proceso de aprender? Refiriéndome no a que para aprender hay que sufrir, sino, a que aprender en ocasiones duele.

Es extraordinario ver a mis estudiantes, pupilos y clientes desarrollarse, encontrarse a sí mismos/as y, finalmente, transformarse en eso que tanto desearon ser. No tengo forma clara de expresar lo que se siente pues es algo muy especial. Visualízate ayudando al que está a tu lado, conocido o desconocido (con estos últimos es más gratificante pues cada uno es un ángel nuevo que llega a tu vida y con él miles de ángeles encadenados). Al darte a otros te expones, no solo a su cambio, sino más bien, al tuyo.

El maestro aprende más enseñando y es así como ayudando te ayudas, comprendiendo a otros, comienzas a comprenderte, amando a otros, manifiestas el amor por ti misma/o y transformándote, modelas el comportamiento que otros emularán. No creerás que la mera idea traerá resultados, hay que poner el verbo en la oración, o sea, tienes que actuar, manejar el asunto y no delegar en otros la tarea que te toca. Tocar una vida a la vez, esa es la fórmula del verdadero cambio. De esta forma podrás ver en cada persona con la que interactúas en tu trabajo, vecindario, iglesia, colmado, donde sea que estés, esa gran oportunidad de hacer el cambio, haciendo la diferencia positiva en la vida de alguien.

¿Cómo lo haces?

- Cree que es posible.

- Desarrolla destrezas de comunicación efectiva.

- Sé atrevido, lo necesitas para hablarle a quien no conoces y ese es un gran reto.

- Confía en que tú serás especial para esa persona.

- Instrúyete leyendo buenos libros.

- Lánzate, hay muchas personas necesitadas esperando por ti.

Cuando te veas cambiando la vida de otros te darás cuenta que naciste con un propósito especial. No esperes los frutos rápidamente. La fruta madura a su tiempo y es probable que no seas tú quien disfrutes de tan exquisito manjar. Siembra sin pensar en comerte el fruto de tu siembra, deja que otro más necesitado se alimente gracias a ti y recibirás la bendición que emane de su boca. Lánzate a tocar personas de hoy en adelante.

Hay historias de vida que se nos parecen tanto,
es que muchos deambulan por la vida
sin saber las razones que los llevan a sus destinos.

Carlos J. Santiago

Trabajar con personas con necesidades especiales ha sido una de las experiencias más significativas en mi vida y con las cuales me he transformado. Son personas, al igual que cada uno de nosotros, que tienen sueños y la esperanza de un futuro mejor. "Soy Marcos y vivo en la calle", me dijo, "deme algo para comer". No pude contener mi deseo de preguntarle: ¿qué te trajo aquí? Qué mucho nos gusta meternos en la vida de los demás y nos fastidia el que se metan en la nuestra. Pero qué bueno que lo hice, me metí por un segundo en la vida de Marcos, como le quiero llamar para fines de esta historia, y me dio la gran enseñanza del día.

—Dame una oportunidad para contarte como si fuera un amigo que te conociera por tantos años— me dijo. —Perdí la esperanza— bajó su cabeza y entró en silencio.

El ser humano es en muchas ocasiones víctima de las decisiones que otros han tomado por él, enfrenta momentos de dolor, coraje, tristeza, desamor y tantas otras circunstancias que angustian su corazón. Son momentos que confunden y lo llevan a paralizarse, perder su norte y con este sus esperanzas de un futuro mejor. Es ahí cuando nos confundimos y el desánimo nos ahoga. Perdemos el amor a la vida, el trabajo no es como antes y comenzamos a perdernos en un viaje de desolación. Pero hay una luz encendida y tienes que permitir que alumbre tu camino.

Como Marcos, muchos deambulamos por la vida sin tener una razón definida para vivir, amar, compartir y luchar.

¿Qué te trajo aquí? Será que estás cansado o cansada de insistir en hacer un capricho realidad y no lo que realmente debes hacer para lograr tu realización plena. Muchas veces no es lo que quieres lo que traerá logros y éxito en la vida, más bien es lo que tienes que hacer, aunque sea doloroso, lo que traerá el balance necesario para tu felicidad. Miraba a Marcos y veía tantos seres humanos que buscan en el vacío algo que dé sentido a su vida y es hoy en este día que te invito a buscar, raspar tu alma, limpiar tus llagas viejas y permitir que tu tejido nuevo, tu piel nueva y lozana se manifieste en un nuevo ser.

¿Qué te trajo aquí? Te trajo el deseo de ser diferente, de vivir plenamente tu sueño y dejar que otros también lo vivan. Te trajo el deseo de convertir a tu país en uno lleno de gente sensible, que luche honradamente y cultive frutos valiosos para el mañana. Te brindo cuatro razones posibles por las que llegaste:

1. Te mereces algo mejor.

2. Crees en la posibilidad de una vida plena.

3. Conocerás el amor al prójimo.

4. Eres hija/o de Dios.

¡No te rindas pues el camino apenas comienza!

Por qué optar por la oscuridad, si hay luz en tu corazón.

Carlos J. Santiago

Tu ser interior te habla continuamente incitándote a la acción buena que trasciende y transforma. Cada uno tiene cargas con las que luchamos todos los días y batallas que librar que, en ocasiones, no nos pertenecen, sin embargo, nuestra naturaleza humana nos empuja a enfrentarlas. Unos con sus fantasmas del pasado que alteran su conciencia y los mantienen sumergidos en la oscuridad de sus pensamientos derrotistas, en cambio otros con sus ideas de grandeza y perfección cultivan la soledad pues, ¿quién desea andar con personas que solo se ven a sí mismos y extinguen la luz de quienes le rodean?

Mi padre una vez me dijo: "Carlos, tú decides, eres estrella o espejo. Alumbras con luz propia o simplemente reflejas la luz de los demás". Qué profunda idea para reflexionar y de dicha frase nace esta reflexión hoy. ¿Por qué si puedes ser estrella e irradiar tu luz a todo el que te rodea, te conformarías con vivir tras la sombra de un fantasma, que en ocasiones eres tú mismo/a? Estas ideas dan como un martillo en la conciencia y vencen al espíritu luchador, pero no lo puedes permitir.

Hace algún tiempo viví una de las experiencias más reveladoras y deseo compartirla contigo. Es un ejemplo de cómo podemos salir de la oscuridad y optar por la luz. Me encontraba en un supermercado dispuesto a pagar cuando me percato que una señora de mediana edad, de unos cuarenta y tantos años estaba insistentemente contando su dinero una y otra vez, pues pensaba que no le daría para completar su extraordinaria compra de dos fundas de arroz. Te das cuenta, mi amigo/a, que una crisis puede ser cualquier cosa que tú definas como tal. Imagina la escena, éramos ocho personas en la línea, dos antes que ella, ella, otra dama, yo y tres

> *Tú decides, eres estrella o espejo. Alumbras con luz propia o simplemente reflejas la luz de los demás.*

más detrás de mí. Eran siete vidas que podía tocar ese día y, créeme, no puedes perder una oportunidad así. Pues son esos cortos momentos de cada día los que traen la luz a tu camino.

Al verla sentí una necesidad poderosa de asistirla, al igual que muchos y es natural, quedé de espectador por casi 20 segundos y fueron demasiados. Me decidí y, con algún grado de ansiedad, metí mi mano derecha al bolsillo de mi pantalón y saqué todo el cambio que tenía en mi mano. Pidiendo permiso a la que estaba frente de mí le dije:

—Tenga señora, coja de ahí lo que necesite— ella, de repente, no quiso aceptar la luz que yo quería compartir.

En un segundo y sin pensar dijo:

—No señor, no se preocupe— su hija la miraba con casi vergüenza y sin razón para sentirse así, pues debemos estar prestos a recibir las bondades que la vida nos devuelve por ser buenos y no importa de quién, pues todos necesitamos oportunidades para esparcir nuestra luz mediante buenas acciones entre los seres que nos rodean.

—Permítame hacer hoy lo que debo hacer. Mi trabajo hoy es darle y el de usted es recibir— le dije.

—Gracias— y extendiendo su mano y con reservas, pero con alegría lo recibió. No solo pagó su arroz, sino que le sobró dinero. Quiso devolvérmelo y no lo acepté pues quién sabe si ella ahora tenía y podría dar a otro en su camino.

Todos en la línea se miraban y comentaban; eso es lo que hace falta en nuestro país. Y me pregunto, ¿por qué no hubo siete manos que dieran y una que recibiera? Es que muchos optan por la oscuridad aun en oportunidades de luz.

No te narro esta historia corta para que veas en mí a alguien con méritos extraordinarios, sino para que veas que todos podemos hacer algo grande por los demás, no importa lo simple que parezca, pues quien valora la experiencia es quien la recibe. No permitas que tus fantasmas te coarten la libertad de ver cada día la luz que irradian tus acciones. Vive y esfuérzate por ser luz para otros.

Amor de pareja

Cuando más fácilmente se dan las cosas es cuando
más fácilmente se pierden.

Carlos J. Santiago

Es real, duele cuando perdemos algo valioso. Sin embargo, debo preguntarte:

- ¿Cuáles señales estás observando?

- ¿Cuánto caso les haces?

- ¿Cuántas veces te han dicho "auxilio" y, en cambio, dejas pasar el momento para hacer lo necesario?

Las relaciones no se dañan de un día para otro, es un proceso degenerativo que, al quedarnos como observadores/as silentes, vemos cómo se descompone la relación y cada uno queda devastado por las emociones que acompañan esta experiencia. Perder duele y más cuando, por las razones que sean, somos provocadores de tal pérdida. Es que damos por hecho que todo es seguro y que debemos tolerar todo por amor. Nada más lejos de la verdad. El amor libera, el amor genera sentido de seguridad y protección de ambas partes. Es una conexión espiritual de tal modo que cuando alguna de las partes no está, se experimenta un vacío que provoca la sensación de falta de aire, algún grado de ansiedad, como cuando esperamos un evento especial. No hablo de la codependencia enfermiza, hablo de la necesidad de estar juntos por la sensación de placer emocional y físico que esto genera. ¡Cuidado! Pues es ahí cuando podría comenzar la rutina y con ella el descuido. Para evitarlo:

- *Reconoce…* toda cualidad positiva de tu pareja, toda acción afirmativa que provenga de él/ella. Esta acción genera agradecimiento y recurrencia de esa conducta. Lo bueno se reconoce y, por ende, se repite, y créeme, es bien agradable.

- *Valora…* las emociones, la forma de ser y sus aspiraciones, este gesto de amor motiva a que la otra persona te valore.

- *Comprende…* que tu pareja no es perfecta, trata de ser empático/a, ponte en su lugar antes de actuar. La comprensión se manifiesta en acciones que la otra persona sienta que son para, por y con ella.

- *Ama…* sin embargo, establece condiciones que promuevan la equidad y el bienestar de ambos. Hay momentos en que la balanza se inclina a un lado o al otro, pero si ambos están de acuerdo nadie sale maltrecho y esto facilita una relación más estable. No es la igualdad, es la equidad lo que provee la estabilidad y la probabilidad de alcanzar un 100% en conjunto.

- *Respeta…* la opinión y valores del otro. No somos iguales, somos dos personas diferentes con intereses comunes. Nuestras diferencias integradas hacen una relación fuerte. Cuando las diferencias separan más de lo que unen, hay que cuestionar seriamente si esta es saludable. Un cuadrado no cabe dentro de un círculo. Si no cuadran lo mejor es respetar la diferencia y tomar decisiones que favorezcan a ambos.

- *Inspira…* a que la otra persona continúe aportando a la relación. La inspiración provoca acciones creativas de parte de todos los implicados en la relación. El amor tiene mucho de inspiración y la inspiración tiene mucho de espiritualidad. Trae la espiritualidad a tu relación y verás cómo florecen las cualidades que unen, motivan y conectan dos almas que se quieren amar.

Abre los ojos de tu corazón y percibe con claridad cuán verdadero es el amor que sientes, pues el amor no se obliga, se inspira.

Carlos J. Santiago

¡Qué gratificante es entregarte y cuando lo haces a quien te valora, más! Es como si descubrieras un gran tesoro. Es ese despertar a la posibilidad de ser feliz. Vivir el amor a ese nivel es como un sueño que es posible. En ocasiones me han dicho, "Bájate de esa nube, no seas tan soñador, si te entregas, sufrirás" y sabes, todas son ciertas. Sin embargo, lo que hace la diferencia es, en efecto, la reciprocidad o la manera de devolverle al ser que amas lo que recibes. Es penoso y muy triste cuando no existe la reciprocidad, pues es como cuando guardas dinero en una cuenta en la cual no puedes retirar la cantidad que necesitas para sentir que vives. Este estado desespera, angustia y frustra, lo sé, sin embargo, también sé que no se puede obligar a nadie a amar. Cuando el amor es una obligación pierde total sentido, pues la entrega es condicionada por una fuerza que no conoce los verdaderos pilares que construyen una relación que libere el alma. Cuando fluye libremente la pregunta de qué puedo hacer por agradar a mi ser amado y así inspirarle a quedarse a mi lado, vienen a mi mente muchas ideas. En ti, ¿qué ideas fluyen? Hacer todos estos intentos podrían ser fallidos si la otra parte no siente lo mismo y la conexión que mantiene a esos dos seres unidos se va perdiendo, entonces comienza el gran reto de quién ama. ¿Quién no ha vivido una decepción? ¿Quién no ha soñado con el verdadero amor? Es posible, si alimentamos la relación. Si nos entregamos con honestidad y pasión de estar unidos, ya el acto no es obligatorio, sino es una manifestación natural de dos almas integradas. Parece de novela, pero qué son la vida y el amor, sino el guion de nuestra propia novela. Date a quien te merece.

> Cuando el amor es una obligación pierde total sentido, pues la entrega es condicionada por una fuerza que no conoce los verdaderos pilares que construyen una relación que libere el alma.

Cuando pones tu persona, tus sueños y tu confianza en las manos equivocadas, estás clavando los clavos de tu propio ataúd.

Carlos J. Santiago

Debemos crear conciencia, que cuando esclavizamos nuestro ser a relaciones enfermizas, pobre en valores y de alta codependencia, nos dirigimos a un camino de encrucijadas y confusión. Cuando son los demás los que rigen tu vida, imponen sus criterios e impiden que manifiestes tu creatividad, tus creencias y permites que otros se adueñen de tu voluntad, comienzas un camino de calvario. Es ese tipo de relación que te arrastra al abismo donde no perteneces, soledad, abandono de ti mismo/a, renuncia de tus sueños y el empeño de tu ser a cambio de muy poco. Al aferrarte a este tipo de relación aceptas, sin tu aprobación, la renuncia de ti misma/o. Das todo lo que te pertenece y ¿qué recibirás a cambio? ¿Es suficiente para lo que realmente mereces? Te invito a indagar, qué razones tienes para pensar que esa persona o personas te merecen. Cuando consideres tu grupo íntimo de personas que compartirán tu realidad, considera las áreas de compatibilidad y cómo estas pueden apoyar tu estabilidad y tu desarrollo.

- Indaga cuánta influencia positiva pueden ofrecerte, es de esta influencia que sacarás el aprendizaje por experiencia ajena, que es el mejor de todos y no cuesta nada.

- Observa su comportamiento pues este revela la verdad más allá que las palabras.

- Elimina a quienes drenan tu energía y te critican todo el tiempo, seguramente te envidian y es una emoción extremadamente peligrosa.

- Cuídate de quienes dicen que te ofrecen el privilegio de su relación y más bien eres tú quien les da tal privilegio. Cuida tu estima pues esa clase de parásito te extrae hasta la última gota de sangre.

- Recuerda querer lo mismo no te hace compatible, tener propósito de vida semejante sí te acerca a una relación que libera y no te limita.

- Cierra cada vez más tu círculo íntimo, así podrás tener mejor control de ti y podrás mirar cara a cara a quien le das ese honor.

Sabes que esto no es infalible del mentiroso/a profesional, el oportunista compulsivo/a, ni de la persona que tiene como propósito alimentarse de los que amablemente e inocentemente se regalan al prójimo. Cuídate de las relaciones tóxicas.

Aun sabiendo que no debemos terminar, no encontramos
las razones que nos unieron y nos conformamos
con excusas que justifican la separación.

Carlos J. Santiago

Razones para seguir, excusas para terminar.

Despertaron un día y al mirarse a la cara ya no era lo mismo. Todo lo que te parecía gracioso y atractivo, ahora te causa molestia y repugnancia. Tu delgadez maravillosa, ahora es tu flaquencia anoréxica. Tus chistes y sentido del humor de antes, ahora son inmadurez e imprudencia. ¿Cómo fue que comenzó esta novela que al principio era de romance y aventuras y ahora es de terror y hastío? Esa pregunta es medular para poder entender cuándo fue que entró a su vida el virus de la indiferencia, la crítica continua y la falta de tolerancia. Es tan común ver que, poco a poco, se desvanecen las razones que les motivaron a decir "sí" y comienzan las excusas para decir "no". Es una vida que al ser impactada por la falta de respeto y compresión de cada cual, aplasta y mata la pasión que manifiesta el deseo del uno por el otro y provoca la muerte espiritual de una pareja que hasta hace poco se amaba. Razones o excusas, tú dirás. Las razones inspiran la lucha, la entrega, la valoración del otro y la esperanza de la realización de cada miembro de la pareja. Sin embargo, las excusas son ideas de poco contenido que solo sirven a quien las ofrece y que, finalmente, dejan un vacío en el alma, que por su pobre valor jamás llenan el espacio que ocupa la duda de una relación moribunda.

Lo triste no es eso solamente, es que se justifican los más trillados sentimientos y las acciones frívolas que provocan el malestar de la pareja. Desde el abandono de los detalles que daban el sabor y la uniformidad a la relación hasta la pérdida total del deseo emocional, espiritual y físico.

Examina algunas razones poderosas para seguir:

- Los une el amor.

- Son complemento uno del otro.

- Aman a sus hijos.

- Tienes en tu pareja al amigo/a ideal.

- Existe afinidad en los intereses.

- Comparten la fe.

Examina ahora razones para terminar:

- No nos comunicamos.

- Ya no sentimos lo mismo.

- No compartimos la intimidad.

- Discutimos por todo.

Una razón es algo poderoso que motiva al cambio y la reflexión, mientras que una excusa es una salida fácil a un reto difícil y es, en efecto, el vencimiento de estos retos lo que trae las más profundas gratificaciones al alma. No te digo que pongas justificaciones donde no las hay, no se justifican el maltrato, la agresión, la violencia, la humillación, el menosprecio de la dignidad y el abandono. Reflexiona y no te confundas. Piensa, vive la verdad y no la mentira. Aclara tus sentimientos y emociones y no permitas que se te nuble el entendimiento de tu realidad. Pon las razones de un lado y las excusas del otro, así distinguirás la realidad y con la realidad puedes trabajar. No temas a trabajar con esto y da el paso a recibir ayuda, porque *Estamos a Tiempo*.

Damos tanto por sentado que estarán con nosotros,
que olvidamos lo esencial para estar juntos.

Carlos J. Santiago

¡Fue un olvido nada más! He escuchado tantas veces esta corta pero destructiva frase que ya forma parte de mis 'coaching' de vida. ¿Qué olvidaste ahora? Pregunto, y comienza todo un mar de justificaciones que generalmente satisfacen al que las ofrece. Es penoso pensar que hay relaciones que mueren solo por el olvido. Olvido a decir "te amo" cada mañana, olvido de detalles sencillos que, sin embargo, llenan tanto. Hoy fue los "buenos días", mañana el "te quiero", luego el "te necesito" y al final nos arropa el hastío de estar juntos. Y no es para menos, si hemos vivido todo este tiempo creando las circunstancias para el olvido, pues quién desea recordar malos momentos, discusiones, maltrato, insultos que motivan a hacer caso omiso uno al otro y así crean la realidad de vivir en el olvido mutuo. Ahí las parejas comienzan a vivir del ayer y no del presente, un ayer lleno de pérdidas emocionales que los arrastra a un presente cargado de reclamos, insultos y arrepentimientos. Veo tantas parejas que se amaban o al menos creían que se amaban, buscan hoy rescatar lo que un día se prometieron y qué alentador es ver sus intentos por salvarse.

De una parte, la voz de quien desea saber qué pasó y de la otra el silencio de quien sabe la verdad "nos olvidamos que estábamos ahí uno para el otro y no para sí mismos". Veo como surge, sin obligarlo, el olvido como factor destructivo, sin embargo, veo también como al reconocerlo cara a cara surge un brillo especial en los ojos de mis clientes como cuando descubrimos un gran tesoro. A través

Hoy podría ser el comienzo de una nueva manera de vivir, haciendo de cada segundo de convivencia uno para recordar y no para querer olvidar.

del proceso van encontrando razones para salvar lo que se veía ya perdido y encuentran nuevas razones para recordarse cada día. Sus talentos, sus bondades, sus motivos para seguir amándose, respetándose y cultivándose. Si te identificas hoy con mis palabras y sientes algo en tu interior que te dice "es verdad", hazle caso. Es la voz del recuerdo que palpita en cada corazón olvidadizo. Es la voz interior que te habla mediante mis escritos invitándote a que des el paso a recordar y no olvidarte de ti mismo/a y contigo regresar al camino de las relaciones que siempre soñaste tener.

Hoy podría ser el comienzo de una nueva manera de vivir, haciendo de cada segundo de convivencia uno para recordar y no para querer olvidar. No estás solo/a, ven y da el paso al verdadero amor.

Las pasión es la llama que mantiene vivo el amor y se resume
no en sexo sino en la verdadera entrega por el otro.

Carlos J. Santiago

"¡Es que ya no es lo mismo!", comúnmente me dicen los clientes. Y evocan en mí un sinnúmero de preguntas que inquietan al 'coach' que hay en mí. ¿Qué los hace diferentes ahora? ¿Qué genera la presencia de cada uno dentro del otro ahora?, ¿Cuántas posibilidades hay de rescatar el amor? Estas preguntas casi dejan en una pieza a las personas a quienes las presento. Se quedan mirándose como si fueran desconocidos y dentro de un silencio casi eterno, solo se escuchan los suspiros de dos almas que se sienten vacías y que no encuentran palabras para decir con compasión y respeto lo que agobia sus corazones.

> *Si tus cajas se han caído en el camino, pero puedes recuperarlas, lucha por tu relación, sino, busca ayuda por el bien de los dos.*

Las relaciones de pareja son como una camioneta que carga muchas cajas en su vagón y que por descuido y amarres débiles se nos van cayendo en cada curva cerrada que tomamos. El gran reto está en que no sabemos dónde pusimos cada caja. Veo personas que ponen las cosas más importantes debajo de las que no lo son y otros encima y sin rotular. Ahí se fue "el amor", "el respeto", "la comunicación", "la tolerancia", "la pasión", "el deseo de envejecer juntos" y muchas otras que tiramos a la parte de atrás como caigan y es ahí donde las perdemos y, con ellas, su contenido. Por este hecho se va enfermando cada uno y comienza el desamor. Tú sabes bien que si pierdes todo esto y más, llegará el momento que no les queda nada, y solo será el don de ser buenos lo que los pretende mantener juntos. No les hablo de una pareja disfuncional en su totalidad, me refiero a la pareja que, sin saberlo o sin quererlo, ha perdido sus cajas pues ambos pusieron en las manos del otro la responsabilidad de amarrarlas y al perderlas vienen las recriminaciones.

—¡Qué no las amarraste!

—No, se supone eras tú quien las amarraras…

Y se enfrentan a las discusiones más tontas e improductivas que te imaginas o estás viviendo. Te sientes vacío/a, ya ni se miran a los ojos como antes, cohabitan en la casa por costumbre, no es una pelea continua pero tampoco es amor continuo. Muchas veces he escuchado, "es que él es bueno", "es que ella es buena, Santiago". Ser bueno no es suficiente. Debe haber muchas cosas que los identifiquen y complementen. Cosas que naturalmente fluyan y que hagan sentir bien a los otros y que mantenga el calor y el deseo pasional que te hace vibrar al tener al otro a tu lado. Si tus cajas se han caído en el camino, pero puedes recuperarlas, lucha por tu relación, sino, busca ayuda por el bien de los dos.

Cuando un/a joven se expone a experiencias para las cuales no está preparado/a, los resultados podrían ser nefastos.

Carlos J. Santiago

¡Metió las patas! Qué forma más folclórica de enfrentar una situación que por naturaleza debe traer alegría a todos los implicados. Pero, ¿qué pasa cuando el sexo trae lágrimas?

Cuida tu sexualidad y protégete de la seducción. Las personas de 16 a 21 años, viven todo tipo de experiencias y enfrentan todo tipo de emociones. Escucho el relato de cómo fue que los arropó la manta de la pasión y terminaron arropándose con una frisa muy corta y se les congelaron los pies. Veo cómo, luego de enterarse del embarazo, comienza todo un desfile de recriminaciones que terminan en llanto y arrepentimiento, no necesariamente por la criatura que engendraron, sino, por el futuro.

—Mi madre me lo dijo mil veces —es el discurso de ellas.

—Yo le dije que no tenía condones —es el discurso de ellos.

Son diferentes puntos de vista. Es como si a una se le cayera el mundo encima y al otro se le abrió la puerta de salida. Y es ahí donde comienzan las verdaderas lágrimas. Les hablo a las jóvenes y espero que los jóvenes escuchen con el corazón y no se ofendan, en fin, soy varón y aprendí esto muy joven. Porque al amigo se le hiere con la verdad para no matarlo con la mentira.

A nosotros, los varones, nos enseñan a tener licencia para no asumir responsabilidades. Desde chicos las mujeres que nos crían, nos dicen "los niños no lloran" y "¿para cuántas nenas es eso?". Me pregunto a cuántas niñas al nacer les dicen lo mismo. En fin, desarrollan en nosotros, los varones, una falsa concepción de ser hombre. Esta realidad repercute en una conducta egocéntrica y hasta narcisista (centrado en mí, para mí, por mí). En efecto, pensamos que nadie nos merece, por ende, estamos como el zumbador, de flor en flor y créeme varón que me lees, terminarás en un vacío increíble.

Pero sigo con las jóvenes, a ustedes las criaron para servir, ser madres, atender a los otros olvidándose de sí mismas y ahí están las consecuencias, por darse apresuradamente pensando que recibirías mejores atenciones y quizás a alguien que, utilizando la seducción, las deja ahora con una enorme responsabilidad que se supone fuera compartida.

Comparto una definición de "seducción" muy particular que me presentó un profesor en una clase de sexualidad en la universidad hace mucho tiempo, pero nunca la he olvidado. Espero no te ofendas... Decía él: "Seducción es el acto de prometer para meter y después de haber metido, no cumplir lo prometido". Esta frase de pueblo encierra una verdad poderosa. Es el engaño en cuerpo total y presente y que, al final, eres tú mi querida amiga quien pagas con lágrimas las consecuencias mayores. Cuida tu sexualidad y protégete de la seducción. Luego será tarde.

Divorcio

Hay experiencias que cambian nuestra realidad y
otras que la transforman en puntos de giro existencial.

Carlos J. Santiago

EL DIVORCIO: UNA EXPERIENCIA QUE RETA AL CORAZÓN

No hay duda que el divorcio es una de las experiencias más traumáticas que una persona puede enfrentar. Algunos lo comparan con la pérdida o la muerte de un ser querido. Es tan impactante el proceso de pérdida del amor que, en muchas ocasiones, ambas partes de la ecuación, con el fin de sentirse mejor, comienzan a utilizar la agresión verbal, la indiferencia, el sarcasmo y hasta la violencia como armas de defensa contra los juegos emotivos que se dan en estas situaciones.

Cree en ti y pide de lo alto, de ahí brotan las buenas decisiones.

En mis sesiones de 'coaching' con parejas que están en proceso de divorcio, les guío hacia el encuentro de formas efectivas para una separación sana que no haga daño a nadie, en especial a los niños. No es tarea fácil, pero han sido extraordinarios los resultados en las negociaciones, la planificación y la transición de un estado —el matrimonio— a otro —el divorcio—. Es una cuestión de comprender y aceptar que no desean, ni pueden estar juntos y hacerlo correctamente alivia el corazón y protege a los más vulnerables.

En mis 'coaching' con hombres y mujeres quienes se enfrentan al divorcio, encontramos juntos, activa y creativamente una manera racional de manejar esta situación que típicamente está muy influenciada y dirigida por la emoción, en especial aquellas como el sentido de fracaso, la ira, la frustración y el coraje, entre otras emociones destructivas. Dado el hecho de que la mayoría de los hombres no busca ayuda en los momentos más críticos de la vida, carga un peso tan grande en sus hombros que no es hasta que se les llena el barco de agua que toman acción. Hoy te invito a que des el paso. A que de una vez comiences a manejar tu realidad y des un giro positivo a tu vida en un momento tan determinante como un divorcio.

Como 'coach', he podido ayudar a muchos hombres y mujeres a desarrollar un plan de acción que da dirección a su vida y, a su vez, minimiza los estragos que la inacción trae en estos conflictos. Vale la pena intentarlo, pues no solo es tu vida la que está en riesgo sino, la de todos los involucrados, en especial, los niños. Hoy es a ti, hombre que atraviesas un divorcio, al que invito a manejar esta situación de manera diferente, da el paso a una alternativa que te ayude a encontrar la estabilidad interior que hoy necesitas. Cree en ti y pide de lo alto, de ahí brotan las buenas decisiones.

Los hijos no necesitan padres juntos, necesitan padres felices.

Carlos J. Santiago

El testimonio de quien ha enfrentado un divorcio está cargado de emociones encontradas que si no se manejan a tiempo podrían generar un gran conflicto en la vida de los implicados y más allá de ellos en los hijos, si los hay. Actualmente, el 70 %[1] de las parejas se separan o se divorcian y un 30% de estas enfrenta un divorcio de alto conflicto. Esta cruda realidad no puedes ignorarla. Tenemos que hacer algo por aquellos que son víctima inocente de esta situación. Yo puedo comprender que dos adultos hayan perdido en el camino las razones para seguir juntos, lo que no acepto es que por enfrascarse en esta situación de desamor, intolerancia mutua y falta de respeto, arrastren a sus niños a la inevitable pérdida de lo básico: el amor de sus padres. No es estar juntos, es estar felices para que ellos sean felices.

Cuando ofrezco mi curso de manejo de divorcio en alto conflicto, veo gradualmente cómo la persona que lo toma logra establecer mecanismos para una crianza paralela en el caso que la crianza compartida sea una meta imposible. La crianza parelela según Olsen (2008), autor del modelo de manejo de divorcio de alto conflico, un sistema de crianza en el cual cada padre por separado provee el escenario de vida saludable a sus hijos evitando conflictos relacionados a la crianza de sus hijos. La crianza compartida es aquella donde cada padre por acuerdo comparten los sistemas de crianza de manera uniforme e integrada, proveyendo a sus hijos una vida balanceada, regida por acuerdos saludables para todos los involucrados. Ya pasaron del amor al rencor y casi odio; no quieren estar juntos, pero no quieren separarse. Es una situación bien complicada donde hay reclamos, venganza y toda clase de emociones encontradas que podrían terminar mal. Pero, ¿qué culpa tienen los niños de esta realidad? Ellos

---

[1] Olsen, B. (2008). High Conflict Diversion Program. California.

no lo buscaron, nacieron ahí y los adultos los meten en ese santo revolú, que los pobres se frustran, se confunden y hasta se culpan de las responsabilidades de sus padres.

Síntomas de un divorcio de mucho conflicto:

- Alto nivel de agresión entre las partes.

- Lucha por los bienes.

- El expediente del tribunal ya parece una enciclopedia.

- Tu abogado ya cambió el auto a un Mercedes (es broma).

- Tus hijos cambian dramáticamente y se ven como palomas mensajeras pues los utilizas para saber qué hace la otra parte.

Déjame hablarte de esta última. Cuando utilizas a tus hijos de punta de lanza en contra la otra persona comienzas a clavar clavos en tu propio ataúd. Pues inevitablemente repercutirá en tu vejez y créeme así será, todo lo que haces a tus hijos hoy lo recibirás multiplicado mañana y cuando peor estés, viejo/a y cansado/a, te quedarás solo/a. Los problemas de los adultos, se resuelven como adultos, con diálogos aclaratorios y no acusatorios, fundamentos sólidos, dejando fuera del conflicto a los niños y buscando los posibles acuerdos para una separación sana.

Si se acabó, no acabes con tu vida ni la de ellos, determina esta etapa como el comienzo de una nueva vida para todos. Un divorcio de alto conflicto está cargado de orgullo y soberbia, se convierte en una lucha de ganar o perder y al final todos pierden. Es el no querer salir del rol de víctima o victimario, pues es ese rol el que mantiene esta relación enfermiza. Para salir de este círculo vicioso requieres de otro tipo de fortaleza y espíritu. Haz el esfuerzo de moverte a otra dirección.

Si solo supieras cuánto vales, cuánto mereces, cuánto debes amarte; no te entregarías a cualquiera.

Carlos J. Santiago

Veo en cada niña un capullo del cual saldrá una hermosa flor y no aprendí esto en la escuela, fue en un hogar donde se nos sembró la idea de que a la mujer se le respeta, que a la mujer no se le ofende ni con un pétalo de una rosa. Fue una forma de decirnos a los varones que la mujer es un regalo de luz que Dios nos dio. ¿Sabías tú que la mujer es el símbolo por excelencia del amor, la entrega y verdaderamente da a luz pues carga luz en su vientre? La mujer es y seguirá siendo símbolo de pureza, ternura y seguridad por su sentido de protección. Muchos autores la describen como un bálsamo en el camino, como el oasis de amor en la soledad. Al meditar sobre esto, no puedo comprender cómo, si ella es todo esto, la menospreciamos a tal magnitud que la llevamos hasta el extremo de hacerle perder su dignidad.

Me pregunto por qué, mujer, das tan fácilmente tus virtudes a quien no las merece, empeñas tu voluntad a quien no la puede pagar y entregas todo, hasta tu propio amor, a cambio de maltratos.

—¡Es que lo amo! —me han dicho.
—¿Y él, te ama? —le pregunto.
—Sí.
—¿Cómo mides ese amor? —y llega el silencio—. Acaso lo mides con cada paliza que te da, con cada insulto con el que te embiste o con cada bochorno que te hace pasar frente a tus hijos, amistades o inclusive desconocidos en restaurantes, parques, en cualquier lugar.
—Él nos da todo lo que necesitamos…
—Entiendo —les digo—. Y así se justifica la entrega de todo tu ser, tu dignidad y, en el peor de los casos, tu vida. ¡Qué complicada realidad la que todos debemos enfrentar y trabajar juntos!
—¿Qué puedo hacer? —me preguntan.

A la adolescente le digo, cuídate de noviecitos posesivos que pretenden acapararte y te privan de tus otros amigos, ese es momento para vivir sin ataduras y esto lo aprendí de adulto. A las jóvenes, cuidado con el maltrato manifestado en la relación, entre gritos, celos irracionales y otros tipos de maltrato, hazle caso, no trates de justificar lo que no es justificable, para a tiempo lo que debe ser detenido, luego será muy tarde. A ti mujer, aunque complicada tu situación, puede tener solución:

- No bajes la guardia y está atenta a cualquier situación anormal.

- Busca una red de apoyo que te brinde soporte emocional.

- Si estás en una situación de maltrato, déjale saber a la familia cercana, en muchas ocasiones, son tu mejor apoyo y refugio.

- Ten un plan de acción, en caso de necesitarlo.

- Busca ayuda profesional, tu salud mental es tu mejor recurso.

Permítame hablarte a ti hombre que me lees. Si eres de los hombres que amas, ayudas y respetas a tu pareja, siéntete orgulloso de ser el príncipe de sus sueños y lucha por mantenerte así. Sin embargo, si eres lo contrario, te invito a meditar y reconocer que tu pareja y tú merecen una realidad diferente. Que si sientes que, en efecto, no es parte de tu voluntad ser como eres, busques ayuda antes de que sea tarde. Con la ayuda adecuada, podrán disfrutar de una vida plena y, al final, volver a ser el hombre que prometiste ser y te sientas completo a través de una relación sana que les permita a ambos volver al camino. Necesitamos rescatar nuestras relaciones, trabajemos todos por erradicar el maltrato conyugal.

Dios y la espiritualidad

Es en la soledad cuando se escucha la voz de tu interior,
solo date la oportunidad de prestar atención a lo
que tu corazón te quiere decir.

Carlos J. Santiago

Estar solo y sentirse solo no es lo mismo. En la soledad puedes vivir experiencias significativas y, en ocasiones, transformadoras que pueden llevarte a un mundo más especial de lo que puedas imaginar, sin embargo, cuando tenemos asuntos pendientes con nuestra conciencia, entran en el juego de ideas todos aquellos pensamientos que tienden a agobiar y confundir tu ser interior. Es esa parte de ti que, por miedo a manifestar su inocencia, se cohíbe de manifestar la grandeza de tu corazón noble. He visto en mis sesiones de 'coaching' cómo una persona con gran potencial optó por largo tiempo esconderse tras una imagen de desconfianza, temperamento fuerte, trato frío hacia otros y de poco sentimiento. Es el miedo a la posibilidad de enfrentar grandes retos, aquellos que pudieran traer frustraciones y desencantos. Es ahí cuando crecemos, cuando el alma grita muy fuerte que necesita el espacio para manifestarse y dejarle saber al mundo que sí es posible manejar a nuestro favor todo aquello que nos confunde, agobia y desespera.

El alma grita…

- …cuando no te brindas la oportunidad de ser tú mismo/a.

- …cuando por inmadurez te privas de grandes oportunidades.

- …cuando por envidia les robas a otros lo que por derecho les pertenece.

- …cuando invalidas el sentimiento ajeno en su momento de dolor.

- …cuando dices "no" en momentos que debes decir "sí".

- …cuando dices "sí" en momentos que debes decir "no".

Solo escúchate, pon oído a tu voz interior y no ignores a tu yo que aunque duela, desea protegerte de ti mismo/a aun cuando te cargues por un momento de ansiedad y disfraces a tu persona para que otros te vean como ellos quieren y no necesariamente como realmente deseas ser. Cuando el alma grita, se escucha como un trueno en tu conciencia, que reclama todo lo que eres y que espera hagas caso inmediato, pues sino, vivirás en lamentaciones innecesarias. Revitaliza tu persona, ejercita tu inteligencia emocional que no es más que definir quién eres, qué deseas y a dónde deseas llegar, todo esto enmarcado en el conocimiento pleno de tus emociones. Al controlar la emoción se calman las aguas, florece tu vida como la primavera y vibra en tu persona un nuevo ser. Es ahí cuando el grito es de victoria y no de fracaso, de alegría y no de tristeza, de esperanza y de dirección clara hacia tu nueva vida. No será trabajo fácil, pero sí de grandes satisfacciones. Si tu alma está gritándote desde hace algún tiempo, ya no la ignores y abre tus oídos del corazón.

Cuando juzgas a tu prójimo estás provocando a la piedra
que te golpeará primero, el que esté libre de pecado
que lance la primera piedra.

Carlos J. Santiago

Hay que tener claro que quien se atreva a doblar sus rodillas para tomar del suelo la piedra que lanzará, deberá haber realizado una profunda reflexión para asegurarse que cuando despierte a la realidad, no sea él/ella quien esté en el suelo esperando a ser apedreado/a. Es que somos expertos evaluando, criticando y ensuciando el nombre de otros. Somos, en ocasiones, como hipócritas que continuamente señalamos las faltas ajenas y dejamos bajo la alfombra del olvido todas las nuestras. Ser el primero en destacar las faltas de tus hermanos, vecinos, pareja, hijos y hasta tus padres, es una decisión que para muchos es fácil de tomar, pues sus corazones están maltrechos, muchos han sido marcados por una crianza abusiva, una niñez llena de tristeza, una adolescencia marcada por el desprecio de supuestos amigos, el abandono de unos padres descuidados e indiferentes a la verdadera necesidad de sus hijos, una adultez vacía producto de las malas decisiones tomadas durante la vida misma. Esta realidad va formando el ser prejuicioso que juzga a todos y, en realidad, es una proyección fatula del ser perfecto que no ha logrado ser.

- Que lance la primera piedra, quien esté libre de culpas del pasado, quien miente y se miente a sí mismo/a tratando de proyectarse mejor que otros que sí luchan con su verdadero ser.

- Que lance la primera piedra, quien pretenda que otros sean perfectos y, sin embargo, no está dispuesto/a a dar ni siquiera lo que debe.

Este es un llamado a la conciencia de todos pues ya estamos cansados de escuchar tanto criticón que no da nada, no aporta nada y, sin embargo, destruye todo, ensucia todo y hasta desperdicia lo suyo y lo de los demás sin consideración.

Es que una piedra en tu mano te ocupa y te desconecta de lo fundamental, el servicio al prójimo. Suéltala y extiende tu mano para levantar al caído. Haz como el Cristo que sin juicio, levantó a la Magdalena e inspiró en toda la humanidad la compasión por los que aun queriendo no encuentran una razón para perdonar y dar marcha adelante. No es fácil, ¿quién lo ha dicho? Es sumamente complicado dejar la soberbia, la arrogancia y el orgullo a un lado para permitir que nuestra humildad marque el camino que devolverá nuestras piedras al suelo, donde pertenecen. Aun los más nobles han tomado piedras en sus manos para atacar con prejuicio la dignidad de otros. No obstante, hoy podemos cambiar y tomar otro camino. Un camino que nos lleve a la convivencia y la aceptación de la diversidad. Ahí está la riqueza, al ser diferentes cada quien podrá aportar lo mejor de sí y hacer de nuestras interacciones unas que nos muevan a la paz. Si estás dispuesto/a a dar el paso, ven, te estamos esperando para que seas parte de nuestro equipo de transformación.

Cuando el camino de la cruz se me hace difícil, ya no te pido que me hables, sino que me ayudes.

AUTOR DESCONOCIDO

La palabra "ayuda" inspira, sin embargo, a la misma vez compromete pues cuando ayudas a alguien se crea una lazo espiritual que permanece en la memoria de cualquiera de las partes involucradas, quien brinda la ayuda o quien la recibe. Este fenómeno se da por la simple razón de que, en ese momento histórico, se dan todos los elementos necesarios para la unidad de dos personas conocidas o no, que quedan marcadas por el acto noble de la ofrenda de amor que representa ayudar al necesitado.

Sin embargo, ¿quién realmente es el necesitado? Cuando pregunto a mis audiencias sobre qué sienten cuando ofrecen su ayuda a otros, muchas personas coinciden en que experimentan paz en su interior y gran satisfacción. ¿Acaso no es esta una carencia que necesitamos satisfacer? Si tu respuesta es sí, entonces, ese a quien le brindas tu ayuda se convierte en tu benefactor, quien sale a tu auxilio cuando te brinda la oportunidad de recibir ayuda. De esta manera, satisfaces tu propia necesidad de ayudar a otros. Si te permites ayudar, comienzas a sanar tus heridas y das el gran paso de la satisfacción personal.

¿Cómo sabes que tienes esa necesidad de servir y ayudar?

- Cuando ves al necesitado y no puedes ignorarle.

- Cuando al tener cosas piensas en los que no las tienen.

- Cuando al alimentarte pides por aquellos que no tienen tu misma suerte.

- Cuando ves los hijos de otros por mal camino y desearías dejarles saber a sus padres o intervenir con ellos para guiarlos.

- Cuando sufres el estado en que nos encontramos.

- Cuando clamas a lo alto por un cambio positivo.

Solo un ser lleno de necesidad puede experimentar estas y muchas otras señales de alto contenido espiritual. Es momento de no retraerte, de dejarte fluir por tu instinto de servicio y colaboración, dejar al maestro dar lecciones de amor al que lo necesite y permitirte guiar al invidente espiritual por nuevos caminos de fe y esperanza. Es momento de regalarte la oportunidad de ser como el cirineo y ayudar a otros a cargar su cruz de vida y así edificar la tuya con frutos de esperanza y realización. Haz el bien y no mires a quién.

Orar es un acto noble del corazón que manifiesta la humildad
del ser y abre la puerta a la sanación verdadera
del corazón humano.

Carlos J. Santiago

Más que una oración debe ser una plática genuina entre Dios y tú, una expresión que muestre la capacidad de comprender las maravillas que les esperan a todos los que humildemente hacen el intento por seguir sus pasos. Es más que un simple rezo, es el diálogo de un corazón que clama por sentirse libre. Hablo de la libertad que trasciende de simples ideales, de fundamentos que limitan el potencial de nuestra alma que busca llegar a un nivel de espiritualidad de trascendencia. Es más que una oración, es el clamor de muchos corazones que no solo piden, sino, que están dispuestos a dar sin reparo, así como reciben sin medidas ni mezquindades. Es momento de reflexionar y reflexionar con profundidad, pues ya basta del conformismo y la ofrenda a medias de nuestra espiritualidad. No vemos que si damos a medias, recibiremos a medias.

Eres instrumento que puede cultivar la paz y transformar esta hermosa tierra.

Esto puede cambiar. Es tan básico como dejarte llevar por el deseo de recibir de Dios todo su amor, toda su ternura y toda su sabiduría. Es la guía perfecta para aquel que ha extraviado su camino, para aquel que camina en oscuridad y para el que sueña con un nuevo día lleno de oportunidades. Vivir en gracia, es vivir guiado por la idea poderosa de que naciste para un gran propósito y es en la manifestación de este propósito que te desarrollas como un ser de luz bañado de gloria eterna. Es tiempo de despertar y gozar una vida plena en el amor, el amor que Dios en su infinita bondad te brinda y te invita a compartir con tu prójimo. Vivimos tiempos donde, además de la oración, necesitamos una acción concreta, que sea visible al prójimo que está a tu lado. Cada segundo cuenta y en un segundo puedes sembrar semillas en los corazones de los seres que coexisten contigo, que comparten tu hogar, tu comunidad y tu vida.

Eres instrumento que puede cultivar la paz y transformar esta hermosa tierra. Y es por esta razón que te invito a poner acción en tu oración, pasión en cada acción y humildad en cada petición, pues de esta nacerá la oportunidad de renacer en un nuevo ser cuyo corazón rebose de alegría y manifieste la esperanza de un país mejor. Da gracias a Dios por sus bondades, por los retos que pone en tu vida y por la voluntad de ser sanado/a. Cultiva tu espiritualidad y da gracias.

Las madres y los padres

Ser padres va más allá de engendrarlos, es el acto continuo de educarlos en el amor y la clara definición del rol asignado por la vida misma.

Carlos J. Santiago

Al escuchar esta frase sencilla pero con profunda sabiduría, nunca imaginé recibir una enseñanza tan poderosa de lo que es la verdadera amistad. Fue en el verano de 1980 cuando me acerqué a mis padres para pedir algo que pensé era una gran idea. Imagina el escenario, convoqué a una reunión familiar, nos sentamos en la mesa del comedor, yo me senté en la silla presidencial y mis padres escucharon ansiosamente mi gran proposición.

—Quisiera que fueran mis verdaderos amigos —les dije.
Mis padres se miraron y luego de casi tres o cuatro segundos de silencio —casi eterno— comenzó uno de los discursos paternales más coherentes que he recibido jamás.

—Hijo —dijo mi padre—. Es más fácil ser tu amigo que tu padre. Un amigo no te recrimina tus acciones incorrectas pues no necesariamente persigue el que seas un hombre de bien. Un amigo lo encuentras en la escuela, la iglesia, el parque, en fin, en cualquier lugar pues cualquiera con un interés particular por ti se haría llamar tu amigo con tal de sacar ventaja de tus capacidades. Un amigo puede decir que está presente en algunas ocasiones y en otras no, él escoge, a su conveniencia, cuándo estar o no a tu lado. En cambio, mira todo lo que ganas cuando buscas, en nosotros, a tus padres y no a tus amigos. Te amamos entrañablemente, no te juzgamos en tus errores, te corregimos porque, en ocasiones, aunque no lo entiendas ahora, el amor toma formas dolorosas que hieren hoy, pero que agradecemos mañana. Un padre o una madre, se desvela, no necesariamente contigo, sino por ti. Un padre o una madre se embriaga de satisfacción cuando te ve triunfar, pero no envidia ni codicia tus talentos y logros. Nosotros comprendemos tu deseo de que adoptemos una paternidad menos severa, pero créeme te irá mejor con unos padres firmes y amorosos dispuestos a llegar hasta las últimas consecuencias contigo, con tal que te desarrolles a plenitud. No debemos ser tus amigos, en cambio, te ofrecemos una paternidad y una maternidad amistosa, comprensiva y fiel.

Él tenía razón, no era un amigo más lo que necesitaba en mi adolescencia, era a la figura de respeto, un modelo a seguir y, sobre todo, un refugio en la tormenta que es esa etapa del adolescente en pleno desarrollo. Me parece, querido amigo, que lo que tus hijos apreciarán mañana será haber tenido en ti al verdadero amigo, manifestado en una paternidad responsable, comprometida y que les brinde la confianza de no estar solos, pero cargada de dirección.

En mis cursos de Padres Exitosos®, los padres y las madres encuentran una identidad única con valores paternales y maternales necesarios para lograr más eficiencia en la crianza de sus hijos, en la que se manifiesta su amor total y aprenden a establecer los límites que les permiten a sus hijos tener claro quiénes son los padres y quiénes son sus amigos. Si los amas, acepta el gran reto de ser padre o madre a tiempo completo, no permitas que tus inseguridades te nublen tu instinto más poderoso, que es tu amor por ellos. Ellos necesitan de sus padres todo el tiempo y a sus amigos solo en ocasiones especiales y, generalmente, es cuando no encuentran en ti alguien quien los dirija amorosamente, buscan al amigo en la calle. No temas en decirles amorosamente: No debemos ser tus amigos, somos tus padres.

Cuando clamas a lo alto sabiduría, se abren todas las puertas
de tu entendimiento y, con ellas, las oportunidades
de ser el modelo por excelencia.

Carlos J. Santiago

Esta frase muchos la han escuchado pero no necesariamente saben su génesis. A los ocho años de edad viví una de las experiencias más significativas de mi vida. Esa noche, como tantas otras, me dirigía hacia el cuarto de mis padres con la intención de pedirle dinero a mi padre, un hombre recto, de principios y dedicado a su familia en cuerpo y alma, y al decir alma en efecto de eso se trató. Al llegar a su habitación con luz tenue vi a mi padre arrodillado orando y clamando a Dios con el corazón: "Señor, ayúdame a ser como tú, porque mis hijos quieren ser como yo". No hay manera de expresar lo profundo de ese pensamiento, tan profundo que hoy sigue siendo como un martillo que clava en mi mente la presencia de Dios.

Si los padres y las madres supieran cuán poderosa puede ser su influencia en los hijos, aun en los momentos en que ni ellos mismos se dan cuenta que los niños están escuchando sus palabras, viendo su comportamiento y repitiendo por toda la vida sus buenas o malas enseñanzas, serían más conscientes de cuidar lo que dicen y hacen. Un niño es una tabla rasa y pura en la que se escriben palabras motivadoras o hirientes que mal forman su corazón y desvanecen el futuro glorioso al cual tienen derecho. Es que al verlo ahí arrodillado, pidiendo humildemente la sabiduría para criarnos, me di cuenta de que mi padre no era perfecto, pero que, en efecto, su acción era perfecta. Es que como padre o madre, no tienes que saberlo todo, es más bien no creer que te las sabes todas y buscar ayuda a tiempo.

Tus hijos te devolverán con intereses todo lo que les des. Si das castigo, humillaciones, frustraciones y desamor, no veo cómo tu vejez será próspera. Es como el viñador, si siembra buena semilla cosechará buenas uvas y de ellas saldrá un buen vino. En cambio si los descuidas, tu vida será un suplicio, sufrirás el precio de la pobre crianza. En cada pueblo, ciudad o país hay voluntad, buena semilla y muchos corazones para sembrar, solo hay que lanzarse a la obra de sembrar y no tenerle miedo al trabajo que te espera. Todos tenemos algo que hacer para guiarlos por el buen camino, maestros, policías, religiosos, estudiantes, políticos, médicos, psicólogos; todos seremos arquitectos de nuevos seres humanos de cara al nuevo porvenir, debemos dar el ejemplo de lo que es la buena convivencia familiar, la responsabilidad en nuestro trabajo, el civismo en nuestra comunidad y el respeto a las diferencias de opiniones de cada cual. Ayer fue mi querido viejo, sin saberlo, quien me enseñó el valor y el poder transformador de la oración, hoy te toca a ti, mi querido amigo, haz que cuente en la vida de tus hijos y pide con conciencia y humildad desde tu corazón: Señor ayúdame a ser como tú, porque mis hijos quieren ser como yo. Con esa oración, comenzarás una reacción en cadena que impactará a toda tu familia. Ten fe de que la ciega será abundante y que cada fruto que de tu viña surja servirá de alimento para nuevos seres hambrientos de esperanza en el futuro. No permitas que la duda te tiente, revoca cada pensamiento amenazante y ten tu mente y tu corazón alineados hacia lo que tanto hemos soñado: una sociedad llena de humanidad. Por esta razón únete a mí y di: Señor, ayúdame a ser como tú.

Haz de tus hijos una versión mejorada de ti mismo/a
sin comprometer su verdadero sueño.

Carlos J. Santiago

¿Recuerdas cuando nació? Era tan frágil, tan vulnerable y tan hermoso/a. Era una masita que tomaba cualquier forma pues sus huesos aun sin terminar de formarse se ajustaban a cualquier posición que tú eligieras. Sin embargo, al verlos crecer te das cuenta que no siempre estarás ahí para protegerlos. Es un momento de gran reto aceptar que algún día ya no dependerán de tu guía, pero sí de tu apoyo y orientación amorosa. Los hijos aprenden lo que viven y viendo descubren aquello que realmente los capacitará para vencer en la vida. Ellos te miran, escuchan y aprenden, pues estos son definitivamente los receptores que garantizan el aprendizaje. Ellos aprenden a ser personas por lo que ven y escuchan y si nuestro modelaje no es el mejor entonces, ellos perderán una gran oportunidad de ser buenos desde el principio y no luego de la corrección continua que aumenta la probabilidad de que se nos alejen.

Cuando los niños comienzan a desarrollar su concepto de sí mismos, comienzan a cuestionarse todo lo que les rodea, lo que piensan ellos y piensan otros. Es ahí, mis amigos, cuando despiertan a ser alguien aparte de nosotros y comienzan tus grandes retos. Como padres y madres les motivo a desarrollar en sus hijos el deseo de ser personas con más empoderamiento y capacidad de seguir metas alcanzables que los harán triunfar y tú disfrutarás de sus logros. No

Pretender que sean perfectos es una forma de privarlos de descubrir su verdadera grandeza.

tienen que ser perfectos, solo deben guiarlos a cultivar y desarrollar sus talentos. Que encuentren su vocación y si es semejante a la tuya que bueno, sin embargo, si no lo es, vive la experiencia de ver en tu hijo/a la oportunidad de verte reflejado/a en ellos y en sus vocaciones. Cada uno de nosotros somos diferentes y ellos tienen derecho a serlo.

Cada uno de nosotros tenemos derecho a equivocarnos y ellos también. En muchos casos veo en mis 'coachees' la frustración de no lograr que sus hijos hagan lo que ellos quieren y luego de varias sesiones se dan cuenta de que sus hijos son una forma especial de realizarse y lograr por otra vía la felicidad anhelada. Pretender que no se equivoquen podría exponerlos a la insuficiencia y la codependencia y estos son dos aspectos hermanos de la desconfianza, la inseguridad y el fracaso. Pretender que sean perfectos es una forma de privarlos de descubrir su verdadera grandeza, que es el valor de sí mismos y el valor de luchar por alcanzar sus sueños. Guíalos, ámalos y respétalos.

¡Esto no puede ser verdad!
Que alguien venga y de un pellizco despierte
la conciencia de nuestro pueblo.

Carlos J. Santiago

Con un grito de indignación deja saber a los espectadores que no podemos seguir esperando un milagro. Tenemos que unirnos y no esperar a que otro haga la diferencia. No podemos esperar como si fuera un programa de televisión más o una telenovela que no tiene fin. ¿Qué estás esperando? A que de un segundo a otro sea tu hijo quien pierda la vida, a que por falta de amor y supervisión caiga en vicios que destruyen su cuerpo, mente y, finalmente, su alma. ¿Qué estás esperando, que en la hora menos pensada y por razones tontas pierdas tu vida o la de tu familia por un borracho irresponsable que te arrebate lo más valioso o estás esperando que de la nada venga un súper héroe a rescatar los valores que salvarán a nuestra hermosa Isla? Si notas indignación en mis palabras, sí, la siento al igual que miles que no podemos aceptar que seamos meros espectadores de las desgracias ajenas y pretender con un gesto de consolación tardía justificar nuestra postura. ¿Qué estás esperando, a que sea a ti a quien consuelen?
Es hora de detenernos, pensar y actuar.

- Reúne a tu familia, háblale, enséñale y modela en tu conducta el valor por la vida, el amor al prójimo y el respeto por lo ajeno.

- Unámonos en comunidad, no para criticar sino para compartir, dialogar y definir estrategias de sana convivencia.

- Visita la escuela de tus hijos, dialoga con sus maestros,

- Vuelve a la iglesia, pues ahí está el alimento de nuestra fe.

- Haz de tu familia la mejor arma contra esta triste situación.

Es que somos testigos de una realidad que sí podemos cambiar, es el reto más extraordinario que hemos enfrentado por muchas décadas. Debemos volver a ser un país digno de Dios y tú eres una pieza fundamental para que lo logremos. Por favor, no te quedes ahí parado/a esperando a que otro dé el paso. Quien no arriesga, no gana nada. Y quien gana es porque con valentía dio el gran paso. Nuestros hijos merecen un país diferente, hagamos la resolución de renacer en familias ejemplares, escuelas sobresalientes, comunidades unidas en la hermandad y un país que todos quieran visitar. La estrella del Caribe se nos apaga y está en nosotros encender la llama que alumbre al que camina en tinieblas y caliente al que tiene frío. ¿Qué estás esperando?

Como granos de arena en una playa desierta
se nos van de las manos los hijos de nuestra tierra.

Carlos J. Santiago

¿Cómo podemos caminar por el desierto y no darnos cuenta de la enorme cantidad de arena que forma y llena ese espacio? Y pensar que en un tiempo fue un océano, lleno de vida y belleza natural, hoy, aunque diferente, su belleza actual es única. Pensamos que todo tiempo anterior era mejor, que nuestra humanidad era diferente y, en efecto, algo ocurre en el interior de nuestros corazones que reprime lo mejor de cada cual y nuestras cualidades que desde toda la historia nos han representado como en un puñado de arena, sus granos se nos van de las manos dejándonos con las manos vacías y solo con los residuos de lo que tuvimos en ellas.

Tenemos un puñado de niños y jóvenes que viven a tan temprana edad tantas experiencias que muchos de nosotros, los adultos de estos tiempos, no podemos ni creer. Es increíble ver tanta deserción escolar, mientras hay tantos países en donde sus niños darían lo que no tienen por estudiar. Ver tantos jóvenes sumidos en la droga y otros vicios, pierden su juventud sin comprender que algún día serán ancianos y será ahí cuando recojan los frutos de lo que siembren ahora o el vacío de lo no sembrado. Mi padre siempre nos decía: "acuérdense de Dios en su juventud para que su vejez sea próspera". No imaginan cómo esta idea nos marcó a mis hermanos y a mí. Era una verdad absoluta, pero, qué ocurre si falta Dios en los hogares. ¿Cómo podrán los niños acordarse de lo que no han conocido y cómo redundará en una vejez próspera si Él no se ha incluido en su pequeña vida? Se nos van de las manos si no hacemos algo ya.

Toma nota:

- No te conformes con darles lo que quieren, dales lo que realmente necesitan.

- Cree en su sueño y si tu corazón te impulsa compártelo con pasión.

- No esperes a que Dios llegue a tu familia, tráelo y hazlo parte de la vida de tus hijos. De esa forma tu vejez y la de ellos será próspera.

- No permitas que como granos de arena se te vayan de las manos y se confundan con cualquier grano de arena en este desierto, pues tus hijos son granos especiales con los que se podrán forjar los cristales más finos.

Es un buen momento para despertar y ver que eres forjador/a de vida con un porvenir lleno de oportunidades. Cada hijo que se pierde es un ser de luz que se apaga y con él o ella un grano de esperanza que se nos va de las manos. No lo dejemos para mañana, pues el mañana se construye hoy. Pon tu corazón en esto.

De una mujer nacimos, con una mujer soñamos.

Carlos J. Santiago

Cuando pienso en el milagro de la vida, la única imagen que pasa por mi mente es el rostro de mi madre. Mujer luchadora, de grandes principios y valores intachables que moldeó de manera uniforme nuestra personalidad y curó nuestras heridas amorosamente, aun las del corazón. Al meditar este tema más profundamente, veo a todas las madres que han pasado por mis manos a través de los seminarios que brindo a los padres. Ha sido un trabajo intensivo y gratificante. Es que no hay diferencias entre ricos y pobres. Cuando veo una madre, no veo su estatus social y económico, sino que cautiva mi atención su abnegación de ser una buena madre.

En una sesión de adiestramiento a padres, se me acercó una mujer y en tono angustiado me comentó: "Doctor, ¿por qué, si les he dado a mis hijos todo lo que a mí no me dieron, nunca es suficiente y me hacen sufrir tanto? Se comportan irresponsablemente y no les importa los valores que le hemos tratado de inculcar". Era una madre que sufría sin duda, una de mis queridas madres. Y digo "mis madres", pues cada madre que adiestro es una oportunidad que la vida me ofrece para devolverle a la mía mi gratitud y al mundo un ser que transformo y, con ella, una familia en proceso de ser mejor.

—¿Cómo se define usted como persona? —le pregunté.

—Una mujer trabajadora, respetuosa, con fe en Dios y mucho más —dijo ella.

—¿Y quién le enseñó todo esto? —pregunté.

—Mis padres, mis abuelos, mi familia.

—Imagino viene de una familia opulenta (de mucho dinero)…

—No, claro que no —me dijo en tono firme y estaba casi molesta—. Vengo de una familia pobre, pero honrada.

—¿Usted tuvo de todo? —le dije, con intención de ir más a fondo.

—No, le dije que era muy pobre —me afirmó.

—¿Y qué le dieron sus padres: zapatos de $100.00, camisas de $75.00 y un auto a los 16 años?

—¡Claro que no!

—¿Y qué entonces?

—El ser humano que soy —contestó con el orgullo de saber que era buena.

—Si le dieron lo que usted es, le pregunto entonces: ¿por qué no le da a sus hijos lo que le dieron y no se afana por darles lo que no le dieron?

Me miró fijamente a los ojos y con lágrimas en ellos me dijo: "Desde hoy daré a mis hijos lo que me dieron". Vi en esa madre una verdadera razón para salvar a sus hijos, devolviéndoles en los valores espirituales el camino del bien y la oportunidad de realizarse en ellos. A los hombres les digo, amen a sus parejas, a los hijos les alerto, valoren y amen a sus madres pues no saben cuándo ya no estarán. Madre, date cuenta que eres copartícipe con Dios en el hermoso arte de dar la vida y ahí ganarás puntos de excelencia para tu propia paz y una vida llena de logros. Amemos y respetemos a nuestras madres.

Mientras promovamos que nuestros niños desarrollen
sus características de macho de nuestra especie,
las mujeres no dejarán de ser hembras.

Carlos J. Santiago

Dime que te parece esto... Saliendo de mi complejo de vivienda veo a esta hembra promoviendo que su hijo de no más de cinco años de edad baje sus pantalones y, mostrando a todos sus genitales, orine sobre las flores de mi jardín. Perdonen pero digo hembra pues seguramente lo que obtendrá de esa crianza será a un macho. Un individuo que desde antes de tener consciencia social, ya está violando con la aprobación de una adulta, el decoro y el respeto por lo ajeno. Oye, deseos de orinar nos da a todos, orinar en el jardín solo le es permitido a los animales. Y es que precisamente a ese nivel rebajamos a los que le motivamos ese comportamiento y luego pretendemos que ese mismo macho que hemos criado, respete, valore, ame y proteja la dignidad de su pareja y no que se comporte con sus meros instintos.

Guía a tus hijos varones a ser hombres de bien, provecho y orgullo de esta tierra.

No, no pretendo ser el purista de los más puristas, solo comparto un hecho que a lo mejor da gracia hoy, sin embargo, la gracia al final del camino nadie la quiera reír pues de esa y otras simplezas de la vida se desarrollan las personas que sin merecerlo, las convertimos en seres antisociales que terminan en sufrimiento, rechazo y abandono. Sino, pregúntate cómo se desarrolla a un delincuente. Podrías decirme que estoy exagerando, pero mis años de experiencia trabajando con confinados, mujeres maltratadas y niños con problemas de adaptación, me dicen que si desde corta edad los guiamos en desorden, antivalores e ignorancia, te auguro una vejez muy triste, y a ellos una vida a medio vivir.

Si eres de los que piensan que podemos cambiar, detente y rescata lo más básico de nuestra humanidad. El ser que nos hace humanos y nos motiva a la sana convivencia. Guía a tus hijos varones a ser hombres de bien, provecho y orgullo de esta tierra. Motiva en ellos el respeto a lo ajeno, el valor a su pareja, el cumplimiento de las leyes y el amor a Dios, así se cultiva la conciencia de un hombre y se reprime al animal que habita en cada macho. No permitas lo que no es correcto y promueve su sensibilidad.

Al verlos deambular por la vida desde muy corta edad
me doy cuenta que son, en su mayoría, huérfanos de padres vivos.

Carlos J. Santiago

Padre no es el que engendra, sino el que cría. Has escuchado esta frase mil veces, sin embargo, no ha tenido sentido hasta hoy. En mi práctica veo tantos niños que participan de mis seminarios de familia solos. Ofrezco mis seminarios en su comunidad para beneficio de la familia, al niño le interesa, pero al padre no y el niño decide llegar solo. Veo la tristeza en su mirada y me conmueve saber que, en su mayoría, sus padres están vivos.

—¿Y tus padres? —les pregunto.

—En casa, en la calle, en el punto o en la cárcel —me contestan casi indignados y con ojos lagrimosos—. A ellos no les importa venir conmigo a estas cosas.

—¿Y cómo te sientes por eso?

—Triste, muy triste…

Y es ahí donde nace mi necesidad de levantar una bandera que arrope la conciencia de cada uno de los que lean este libro. Quiero hablarte a ti, padre o madre, que sin intención necesariamente, lanzas a la vida a un ser incapaz de caminar por ella y termina siendo un ser huérfano de esperanza y cargado de soledad e incertidumbre. Un niño solo es un potencial adulto disfuncional, pues tanto el amor como la guía diaria son la base del sano desarrollo emocional y personal de cada individuo. Si te preguntas, ¿cómo lo hago? Pues yo tampoco recibí necesariamente de mis padres lo que hoy debo darles a mis hijos. Te ofrezco algunas sugerencias:

- Date cuenta que en ellos puedes realizar todos tus sueños, aquellos que te harían sentir completamente lleno/a.

- No permitas que tu pasado, mate tu presente y entierre tu futuro. Si tuviste una niñez traumática, pide sabiduría de lo alto y llénate del amor que no tuviste y ofrécelo a tus hijos/as ahora que estás a tiempo.

- Si sientes que no puedes, busca ayuda, estamos para servirte, nuestras sesiones de 'coaching' para padres te darán una guía para volver al camino.

- Haz contacto con los buenos sentimientos de tus hijos dejándoles saber que deseas cambiar y fortalecer tu relación.

No olvides que cuando un niño se cría solo, cualquier camino que tome será bueno y tú y yo sabemos que no es verdad. Hay caminos que los llevarán a la perdición. Los niños deben ser símbolos de esperanza, ser la fuente de nuestra fe para el futuro y la alegría de cada uno de nuestros días. Sus ocurrencias, su inocencia y su deseo de vivir, nos deben llenar de motivación para actuar ahora en entrega y verdadera responsabilidad, no debes abandonarlos a su suerte.

Démosle una oportunidad de tener padres y madres vivos, que los amen, guíen y les ofrezcan la razón de crecer con el deseo de ser mejores personas cada día y una razón más para que te sientas orgulloso/a. Ámalos y verás los resultados manifestados en tu propia vida.

Luz para la conciencia

Si no despertamos a la realidad de que somos todos responsables
de nuestro planeta, estaremos destinados a una vida
llena de sorpresas no muy agradables.

Carlos J. Santiago

Imagina esta escena: un cielo azul con nubes blancas como pedazos de algodón. Aves cantando en la aurora cuando el sol asoma sus primeros rayos de luz nueva evaporando el rocío, residuo de una noche tranquila y fresca. Imagina la primavera con sus capullos abriendo e insectos buscando el néctar de las flores vírgenes en espera del milagro de la regeneración de vida silvestre. Es el ciclo de cada día en nuestra casa mayor y nos fue regalado para protegerlo, valorarlo y preservarlo para futuras generaciones. Sin embargo, algo nos faltó o se nos perdió en el camino y es por esta razón que por décadas hemos escuchado la misma canción: el planeta se nos muere. Me pregunto qué pasa por nuestra mente que llegamos a la conclusión falsa de que son otros los responsables de mantener el equilibrio de nuestro ecosistema. Un ecosistema es el resultado de un grupo de especies animal y vegetal que convive en armonía y apoyo mutuo, lo que permite su supervivencia.

Al leer estas líneas es probable que sientas inspiración cual poesía que describe la grandeza de nuestra madre tierra y esa es mi razón de escribirlo, inspirarte para que de esta manera comiences a rescatarla desde tu interior. Para muchos es preocupante ver como los fenómenos atmosféricos cada vez son más extraños y poderosamente destructivos, es que el planeta no aguanta más. Olvidamos que nuestro planeta en sí mismo está vivo y cada día atentamos más contra su super-vivencia. Matamos lo más valioso que tenemos y nuestra indiferencia a los actos de vandalismo a la naturaleza, provo-can su ira pues él está muriendo por nuestra causa. Un ser amenazado se defiende y el planeta tiene sus formas de hacerlo. Su ira manifestada en huracanes, terremotos, sequías e inundaciones son sus maneras de leventar su voz de indignación y decirnos: "¡basta ya!". Nuestras generaciones más jóvenes no han podido disfrutar de lo que es vivir en un lugar en perfecta armonía con cientos de aves cantando cada mañana, en una comunidad segura y amistosa, con niños jugando en la calle sanamente. Eso es muy triste. Ver los desastres provocados por la naturaleza como algo común y que no podemos hacer nada para remediarlo. Pero sí podemos hacer algo. Podemos inspirar a nuestros niños y jóvenes a amar y respetar al planeta, podemos motivar a nuestro vecino a mantener y proteger el entorno, podemos detener la destrucción de nuestra única casa, nuestro planeta.

Escribo sobre este tema pues deseo que juntos hagamos algo por pequeño que parezca por nuestra madre tierra. Debemos cambiar la visión global. Nuestra tierra grita y pocos la escuchan, te has preguntado ¿qué será de nosotros sin abastos de agua potable? Un planeta que es 75% agua y que no tengamos para beber. Es inaudito e irracional. ¿Imaginas un planeta desierto, con hambre y guerra? Yo no deseo eso para ti ni para los míos, por esto te hago un llamado, no a tu conciencia sino a lo más profundo de tu corazón a que pongas de tu parte y salvemos el Planeta. Salvemos cada niño en nuestro interior y así garantizaremos la inocencia necesaria para lograrlo.

Quien define la utilidad del obsequio es quien lo recibe y no quien lo da, busca la manera de conectar con quien lo recibirá.

Carlos J. Santiago

Buscamos resaltar las virtudes de los demás buscando aquel obsequio que pueda equiparar sus cualidades, sentimientos y momentos vividos. Qué difícil tarea hallar aquello que pueda agradar y, a la misma vez, enaltecer a esa persona de tal manera que se sienta única y especial. Al pensar en regalos viene a mi mente una sola cosa, debe ser la manifestación del amor representado. De qué te serviría gastar cantidades enormes de dinero en algo que no te representa y menos que represente a esa persona especial. Veo tantos regalos envueltos en papeles preciosos, lazos que solo un profesional pudo hacer y, en cambio, cuando se entrega no se genera ni un solo latido acelerado en el corazón de quien lo recibe, queda el momento en una frialdad momentánea de no saber qué decir ni hacer.

Abre tú corazón y dale oportunidad a la humanidad de conocer lo mejor de ti.

El acto de regalar no tiene que ver con el costo del regalo, sino con el valor del sentimiento puesto en su total expresión. Al amar al prójimo y demostrarle con un obsequio ese amor, se entrelazan los más profundos sentimientos de hermandad entre los seres humanos. Son tantas las ocasiones que mis 'coachees' me expresan en sus sesiones, sus desánimos y desaciertos por causa de un obsequio que al evaluar el motivo y el gesto, no cuadra en la ecuación.

—¿Qué debí darle? —me pregunta con tono casi sarcástico.

—Tu amor —contesté amablemente.

Es que al darte en el amor lo das todo y no cuesta nada, le brindas a la otra persona lo más valioso y él o ella lo sabe. Cuando das tu amor y escoges el regalo que manifieste ese amor, estás dando el regalo perfecto. Es ahí cuando el amigo ve en ti una verdadera y genuina amistad, los padres dan a sus hijos la oportunidad de crecer y madurar y tú quedas con la extraordinaria sensación de dar lo mejor de ti. Hoy es un gran momento para meditar cuál es tu mejor regalo para tus seres amados y para aquellos que aun ni conoces.

Esta semana tuve la gran oportunidad de dar mi mejor regalo a alguien que ni conocía. Estaba en el tren y este hombre de treinta y tantos años se sentó a mi lado con cara de haber perdido algo grande y, como se imaginarán, soy un caripelado que le habla a cualquiera sin vergüenza alguna.

—Le pregunte: ¿Está usted bien mi amigo?

—No —me contestó— (Siempre esperamos que la gente nos diga que sí y pienso que eso está mal).

—No le conozco, pero sabe no tengo que conocerle para apreciarle como hermano en el Señor. Él quedó sin palabras y solo con ese gesto me dijo: "Señor usted me ha arreglado el día y ese ha sido un gran regalo para mí".

¡Wow! Es por esta razón que cada día pido a mi buen Dios que me regale una vida para tocar y quizás hoy sea la tuya la que reciba el gran regalo que deseo brindarte. No mires a quien le das tu mejor regalo pues no sabes cuándo, dónde y cómo recibirás el que mereces hoy. Abre tu corazón y dale oportunidad a la humanidad de conocer lo mejor de ti.

Nacimos de un gesto de amor y vivimos para perpetuarlo.

Carlos J. Santiago

Tuve la oportunidad de nacer entre tres hermanos varones. Vivimos experiencias que marcan a cualquiera y que, sin duda, nos regalaron momentos memorables. Éramos una familia normal de clase media, de padres maestros de profesión con las limitaciones típicas de una familia común.

Aprendimos a cuidarnos unos a otros y a compartir lo poco que teníamos. Nacimos del gesto de amor de nuestros padres y ellos nos enseñaron a respetarnos los unos a los otros. Claro, como todo muchacho, siempre podíamos ver las peleas entre hermanos que terminaban con la intervención de mi madre. Vimos cómo la relación de hermanos no es como cualquier otra. "Los hermanos se cuidan y se protegen", nos decía mi padre. Los hermanos son el mayor tesoro que poseemos luego de la fe en Dios... ¡y qué difícil era pensar nuestra vida sin ellos! Si son tan importantes en nuestra vida, ¿por qué se hieren entonces?

¿Por qué veo hermanos enfrascados en unas luchas continuas, discusiones inertes que destruyen su hermandad y provocan la tristeza de toda su familia? Cuando llevo a cabo mis talleres de sanación familiar, veo familias completas rescatar su relación mediante el perdón genuino. Ese que limpia las diferencias del pasado y genera una dinámica esperanzadora que ter-

Los hermanos son el mayor tesoro que poseemos luego de la fe en Dios...

mina en la reconciliación y sanación de viejas heridas. No puedes conformarte con hacerle caso omiso al hecho de que por alguna circunstancia, advertida o inadvertidamente estás perdiendo algo muy valioso. Los que han perdido a un hermano saben que es algo fuerte. Vive en agradecimiento por tener a tus hermanos y busca la unidad en el perdón entre ellos.

Cuando nos acostumbramos a actuar sin considerar los resultados y luego esperamos que sea otro quien asuma la responsabilidad, desarrollamos el peor hábito, el de la indiferencia y eso destruye lo que hemos construido.

Carlos J. Santiago

¿Debemos pedir perdón antes que pedir permiso?

Cada persona tiene la posibilidad de crear y hacer de esa creación su gran obra. Sin embargo, cuando la intención es egoísta, individualista o centrada en el yo, comienza a desarrollar sus raíces el árbol de la indiferencia. Y qué poderosa es nuestra aliada, tan poderosa que socaba las relaciones, maltrata la confianza y destruye la fe en los demás. Y ese es un precio muy alto que puede dejar en déficit nuestra esperanza. Es una

No puedes conformarte con pedir perdón sabiendo que debías pedir permiso.

mentira disfrazada de verdad. Pues cuando nos acostumbramos a hacer las cosas sabiendo que al final debemos rectificar ese error, entonces mostramos nuestra falta de responsabilidad con nosotros y con quienes esperan recibir dignamente tu aportación al bienestar común. Es el amigo que miente cuando dice que te considera y, al final, te utiliza. Es tu pareja sentimental que, por las razones que sean, no corresponde o corresponde adversamente a tus manifestaciones de amor, para luego decir "lo siento", aun sabiendo lo que provoca. Es tu jefe o compañero de trabajo que sabiendo el daño que provoca continúa su agenda de desprestigio, provocación y destrucción de reputaciones. Son los miembros de una familia que adrede chismean y generan discordia entre sus hermanos, primos y familiares cercanos. Nos hacemos inmunes a la indiferencia. ¡Qué peligrosa es! Y cuán relacionada está con otras emociones dañinas. Debes protegerte de tal condición humana, trabajar arduamente con tu sentido de pertenencia y desarrollar tu inteligencia emocional al máximo posible.

No puedes conformarte con pedir perdón sabiendo que debías pedir permiso. Somos más que eso, somos capaces de construir un país sobre la base de la verdad, un país que promueva relaciones duraderas, relaciones que unidas den sentido de dirección y confianza. No podemos permitir que los oportunistas y los malintencionados se adueñen de nuestras voluntades y nos hagan perder la fe. Hoy te hago este llamado, un llamado que sé que tu propia conciencia te hace cada día. Toma conciencia de que es mejor pedir permiso a tener que pedir perdón.

Cuando tienes que tomar una decisión nace el temor a equivocarte
y ese mismo temor despierta tu humanidad más profunda.
Cuando tomas la decisión de provocar cambios en la vida de
otros, existe la posibilidad de ganar.

Carlos J. Santiago

Valiente es quien se atreve a tomar decisiones aun cuando estas retan sus más profundos temores. He visto en mi práctica profesional como el acto de tomar una decisión frena, en muchas ocasiones, la creatividad de las personas y atenta contra la estabilidad misma. Es que tomar decisiones es un acto tan natural e inherente de los seres humanos que es precisamente ahí en esta inherencia, cuando se puede perder o ganar todo. Damos por hecho que podemos tomarlas con poco o ningún esfuerzo, pues en la mayoría de los casos que atiendo, las personas aseguran saberlo todo y dan por hecho que tendrán éxito en esa decisión. Hablemos de las tres decisiones que más he podido evidenciar como aquellas que realmente marcan la vida, por eso les llamo "trascendentales".

- **¿Cuál carrera eliges?**

Elegir una carrera será tu forma de vida desde ese punto en adelante. Tu carrera será a lo que te dedicarás toda la vida para lograr tu sustento y en la mayoría de los casos dedicarás sobre 10 horas diarias de tu vida a ejecutarlo. Una buena decisión en esta área representará satisfacción cada día por lo que haces, realización profesional y deseo de ir cada día a trabajar con pasión y entrega. Lo haces con amor pues lo disfrutas. Solo imagínate lo contrario.

- **¿A quién escoges como pareja?**

Esta será la gran decisión de tu vida, por lo que veo, 80% de las parejas se han equivocado en esta gran decisión que afecta al 100% de los miembros de la familia. Es por esta razón que en mis conferencias les hablo a quienes piensan unirse en una relación formal a que lleven a cabo un análisis serio sobre sus similitudes y diferencias pues la idea de que los polos opuestos se atraen es mucho riesgo para considerarla como la manera de evaluar posibilidades. Es tan importante esta decisión que si te equivocas cuesta mucho enmendar este error. Si no has dado el paso, estás a tiempo de tomar esta decisión con más cautela. Utiliza algo más que el corazón para tomarla.

- **Traer un/a hijo/a al mundo**

Quienes han sido bendecidos con tal milagro pueden dar testimonio de tan grave responsabilidad y, a su vez, de tan bella experiencia. Traer un/a hijo/a a la vida es una decisión que lo cambia todo: el estilo de vida, las finanzas, los corazones y las relaciones. Quienes me han compartido sus experiencias coinciden en que no hay gratificación más grande y preocupación más evidente. Si piensas tener hijos ten claro que con ellos traes a tu vida alegrías y sufrimientos inevitables.

Estas son solo tres, la vida es mucho más que estas, sin embargo, estas las debes considerar para una vida con más sentido y satisfacción. Tomar decisiones es parte de la vida, equivocarnos es controlable.

Hay momentos que esperar no es una opción viable, sin embargo,
en las relaciones puede provocar una gran pérdida.

Carlos J. Santiago

Hoy es un día excelente para reflexionar y prevenir. He podido ver tantas personas que por descuido, dejadez o simplemente costumbre caen en la rutina que ahoga los más profundos sentimientos. ¿Qué provoca tal comportamiento? Es una simple pregunta con múltiples contestaciones.

- *La costumbre* es como ese viejo mueble que tienes en la casa. Lo has visto tantas veces que ni cuenta te das de que está ahí. Lo recuerdas solo cuando necesitas de él. La costumbre trae la ceguera, no la ves o no lo ves, pues no es una cuestión de género es una cuestión de costumbre. Das por hecho que siempre estará ahí.

- *La indiferencia* es el momento en que te da lo mismo. Da lo mismo complacer, abrazar, dialogar, escuchar que no hacerlo; da lo mismo demostrar el amor, si es que existe aun. No importa lo que haga el otro, hay indiferencia pues se piensa que la otra persona tiene que aceptarme como soy. El amor hay que ganarlo e inspirarlo y la indiferencia no es tu mejor aliada.

- *Presumir* es pensar que es responsabilidad de la otra persona y no mía. Uno de los dos tiene o debe hacer lo necesario para que sobreviva la relación. Presumir es la hermana de fracasar pues trae consigo cargas que por no ser compartidas, queman la esperanza de uno o el otro y ahí nacen los reclamos. No se debió presumir que eso duraría.

- *Hacer caso omiso* es cuando uno o el otro clama por atención o ayuda y espera respuesta. Esa respuesta, al nacer del amor profundo, provoca atención casi inmediata, sin embargo, es triste pensar que entre dos personas que supuestamente se aman existe la frialdad de un témpano de hielo que surge del mismo acto de hacerse caso omiso uno al otro.

- *El abandono* es dejar solo a un corazón que ama, es como dejar a un niño en medio de la oscuridad. Abandonarse es permitir que, poco a poco, se pierdan en el camino aquellas cosas que eran importantes para el otro. Es huir ante el llamado de quien, confiando, esperaba recibir lo que un día pensó merecía y *Lo que no se vive a plenitud pocas veces se recuerda.* que hoy regresa solitario/a al encuentro de la nostalgia.

- Y por último, *el olvido*: ¿Qué te hizo olvidar? ¿Qué provocó tu amnesia sentimental? Son preguntas que podrías contestar y darían luz a tus pensamientos. Olvidarse del otro, es una opción que, en ocasiones, es el resultado de no haber reconocido que un día se tuvieron y lo que no se vive a plenitud pocas veces se recuerda. Despierta y no esperes para tomar acción.

Quien espera algo significativo en su vida debe estar dispuesto a entregar algo en reciprocidad, ese será su obsequio a la humanidad.

Carlos J. Santiago

Es fácil pedir, pero no dar. A muchos de mis clientes los motivo a meditar y en sinnúmero de ocasiones llegan a la conclusión de que si piensan en ellos solamente y en su propia necesidad, despiertan en su interior inevitablemente un ente egoísta que los hace creer que todas las personas a su alrededor tienen la obligación de aceptar sus caprichos y hasta dar lo que tienen a cambio de muy poco o nada. Es un egocentrismo casi descontrolado que espera que las personas a su alrededor estén comprometidas con el bienestar de él o ella y si esperaran algo a cambio deberían conformarse con las migajas que caen de la mesa.

Este acto casi imperceptible de darse, cuando se convierte en nuestra forma habitual de compartir lo nuestro con otros, poco a poco, nos arrastra a una avaricia habitual y gradualmente perdemos nuestra humanidad y sensibilidad ante la necesidad de los demás. A diario me encuentro personas en la búsqueda incesante de este equilibrio y, en efecto, muchos lo encuentran. Son personas normales que están buscando, en su proceso de 'coaching', resultados extraordinarios y, en un proceso constructivo, lo alcanzan.

Pregunto: ¿cómo pides si no das? Quien no se considera no puede esperar ser considerado. Es como si arrancaras de lo más íntimo de las personas su dignidad, pues quien le pide al prójimo y no devuelve en frutos de amor lo recibido, deja el huerto sin semillas para el futuro de esa relación, por lo tanto, no debes comerte el fruto y desperdiciar la semilla, hay que coger la pepita y sembrarla en otro huerto, o sea, en otro corazón fértil. Mi 'coachee' se da cuenta, en su análisis, que no debe comer solo, debe, en unidad y compañerismo esperar el fruto de lo que ha dado.

Tus ideales mueven tu motivación interna y generan la energía necesaria para tu lucha diaria.

Debes respetar la voluntad del otro pues es la base de la buena siembra y la cosecha segura pues si das, en tu corazón, valor a lo que piensan los otros, recibirás respeto y comprensión de su parte. Valora tus ideales pues de ellos depende tu conducta. Tus ideales mueven tu motivación interna y generan la energía necesaria para tu lucha diaria. Este es un acto continuo del dar pues al cultivar y fortalecer tus ideales tienes algo valioso para ofrecer y podrás tener derecho a esperar logros grandes en la vida.

Alcanza tu sueño porque un sueño no alcanzado, se convierte en tu peor pesadilla de cada día. Tienes que luchar por tu sueño porque si no, ¿qué dejarás a la futura generación? ¿Te imaginas lo que dirán de ti quienes te suceden, la nueva generación, quienes seguirán tus pasos?

Ahora sí estamos hablando de tener derecho a pedir. Son quienes evidenciarán lo que de ti han recibido y por quienes has trabajado y este acto de amor es pura devolución de la acción de darte. Esto no falla. Lo que das, la vida te lo devuelve con intereses. Lo que egoístamente te guardas para ti es con lo que te quedarás y dura hasta que lo gastes y será triste terminar al final del camino con menos de lo que comenzaste.

No permitas que tu siembra sea infértil, esfuérzate, que la siembra está buena, pero no esperes los frutos para ahora, es probable que lo tuyo venga no de lo que sembraste, sino de lo que otro sembró para mí.

Cuando logras tus sueños, cuando alcanzas tus metas, existe la probabilidad de que dentro de tanta alegría haya que perder algo valioso y no necesariamente por causa tuya.

Carlos J. Santiago

¿Quién no ha ganado algo y perdido algo simultáneamente? Quien lo ha experimentado sabe que el éxito propone, en ocasiones, grandes sacrificios que retan nuestras más profundas emociones. Es como si al dar todo por tus logros sin querer o queriendo, provocas el desapego a otras cosas que para ti hasta hace poco eran casi esenciales. Por otra parte, veo cómo las personas han renunciado a todo por complacer y apoyar los sueños de otros. Es una renuncia casi total a su felicidad y lo veo más en las mujeres que en los hombres. Tiene mucho que ver con los roles asignados por la sociedad nuestra y los asumidos por ellas mismas en su lucha por encajar en esta realidad tan retante.

Si cada uno de los miembros de la familia se posicionara desde una perspectiva de desarrollo colectivo familiar, veríamos cómo la aportación de cada familiar en el hogar representaría un bien compartido que daría a cada miembro la oportunidad de alcanzar no solo un sueño individual, sino el colectivo.

Esta es una verdad casi absoluta que me provoca preguntarte, ¿cuál es tu sueño más grande y cuál es el precio que has tenido que pagar para alcanzarlo? Al contestarlas, visualiza todos los ángulos necesarios de tu vida, tus relaciones, tu familia, tu carrera, tus finanzas, tu espiritualidad, tu salud y todo aspecto que de una forma u otra tenga influencia en tu desarrollo personal y profesional. "Es que no es justo", muchas veces me han dicho y, en efecto, no lo es. Más que un acto injusto es un acto de clara inequidad entre los géneros. Si cada uno de los miembros de la familia se posicionara desde una perspectiva de desarrollo colectivo familiar, veríamos cómo la aportación de cada familiar en el hogar representaría un bien compartido que daría a cada miembro la oportunidad de alcanzar no solo un sueño individual, sino el colectivo. Sería, entonces, una familia cuyos miembros se desarrollarán individualmente y traerán dichos logros a la felicidad colectiva. Es probable que el precio haya sido grande; renuncias, separaciones, rechazo de aquellos que egoístamente no apoyaron tu derecho a la felicidad, sin embargo, cada uno tiene su responsabilidad y con ella la gratificación de saber que hizo todo por otros y por sí mismo/a. No hablo de egoísmo, hablo del derecho a perder algo para ganar mucho. Date la oportunidad de ser, de desarrollarte mientras ayudas a otros a desarrollarse también. No renuncies a este derecho.

El Dr. Carlos J. Santiago es psicólogo industrial organizacional y miembro de la Asociación de Sicólogos de Puerto Rico, Asociación Americana de Psicología, Sociedad Sicólogos Industriales Organizacionales y la Federación Internacional de Coaching. Es CEO de la firma International Development & Management Group (iD&M Group). Posee un doctorado en psicología industrial organizacional, así como estudios conducentes a la maestría en administración de empresas y varias certificaciones en áreas de educación y consejería a padres, así como a personas que estén atravesando por una experiencia de divorcio de alto conflicto. Posee experiencia en diversas áreas en la psicología industrial organizacional y ha servido a empresas públicas y privadas tanto a nivel nacional como internacional. Tiene más de 15 años de experiencia en su profesión y en la academia, imparte cursos en las áreas de administración de empresas, psicología e investigación. Ha desarrollado proyectos innovadores y ha establecido programas avanzados de desarrollo para ejecutivos y empresarios tanto en empresas nacionales como internacionales.

Para obtener copias del libro, o invitarlo a dar conferencias y seminarios, se puede comunicar con el Dr. Carlos J. Santiago por teléfono, **787-755-5441**, **787-296-5441**, **787-319-5441**; escribir a **csantiago@santiagoassociates.com** o visitar a **www.idmgroup.us**.

Además, puede buscarlo en los medios sociales:
Facebook: **Carlos Javier Santiago, PhD**
Twitter: **@drcarlosantiago**
Blog: **http://idmgroup.blogspot.com**